Unterwegs zur Heimat

Unterwegs zur Heimat
Martin Heidegger zum 100. Geburtstag

Herausgegeben
von Lina Börsig-Hover

Mit Beiträgen von
Lina Börsig-Hover
Hanna-Barbara Gerl
Winfrid Hover

Börsig-Verlag · Fridingen a.D.

Den Suchenden

CIP-Titelaufnahme der Deutschen Bibliothek

Unterwegs zur Heimat: Martin Heidegger zum 100. Geburtstag
Herausgegeben von Lina Börsig-Hover ... –
1. Auflage – Fridingen a.D.: Börsig-Verlag 1989
ISBN 3-9802256-0-7
NE: Börsig-Hover, Lina (Hrsg.); Gerl, Hanna-Barbara (Mitverf.);

© 1989 Börsig-Verlag Fridingen a.D.
Alle Rechte vorbehalten
1. Auflage 1989
Gesamtherstellung: Druckerei Hohl, 7208 Spaichingen
ISBN 3-9802256-0-7
Umschlagfoto: Martin Heideggers liebgewonnene Bank
am Feldweg in Meßkirch.

Inhalt

Vorwort der Herausgeberin 9

Lina Börsig-Hover
Martin Heidegger und die Philosophie:
Unterwegs zur Heimat 13

Hanna-Barbara Gerl
Unterscheidung aus Nähe:
Edith Stein und Martin Heidegger 24

Lina Börsig-Hover
Entwicklung und Ausgestaltung der Frage nach dem
Sinn von Sein beim frühen Heidegger 38

Winfrid Hover
Der Dichter als Seher und Rufer.
Zu den Hölderlin-Interpretationen
Martin Heideggers und Romano Guardinis 57

Lina Börsig-Hover
Sinn und Sein. Überlegungen im Anschluß
an Martin Heideggers „Sein und Zeit" 71

Die Autoren 82

Weg und Waage,
Steg und Sage
finden sich in einen Gang.

Geh und trage
Fehl und Frage
deinen einen Pfad entlang.

(Martin Heidegger:
Aus der Erfahrung des Denkens,
Pfullingen 1954, 5)

Vorwort

Im Jahre 1929 hielt Martin Heidegger seine Antrittsvorlesung als Nachfolger seines Lehrers Edmund Husserl in Freiburg mit dem Titel: „Was ist Metaphysik?". In dieser Vorlesung war vom „Nichts" die Rede. Heidegger hat den Versuch gemacht, darauf hinzuweisen, daß das „Sein" im Unterschied zu allem „Seienden" kein „Seiendes" und in diesem Sinne ein „Nichts" ist. Die deutsche Philosophie und auch die des Auslands kennzeichneten diesen Vortrag als „Nihilismus". Heidegger selbst hat sich mißverstanden gefühlt und auch später hat er davon gesprochen, daß er im Grunde nicht verstanden worden sei. Ein Grund des Mißverständnisses liegt darin, daß Heideggers Philosophie kein abgeschlossenes Datum darstellt, sondern daß er denkend „auf dem Wege" ist. Seine Aussagen sind nicht wortgetreu zu nehmen, sondern sie gehören vom Sinn her erschlossen. Heideggers Denken fordert auch den anderen zum Mitvollzug auf in dem Sinne, daß er ihm zumindest ein Wegstück verstehend folgen sollte, um dann, von diesem gegangenen Weg her, das Zurückgelegte in der Reflexion erfassen zu können. Ein weiterer Grund des Mißverständnisses liegt darin, daß Heideggers Denken zunächst kein vorstellendes Denken ist, wie es die neuzeitliche Philosophie kennt, sondern ein Denken, das den Gegenstand in seinem Sein zu erfassen versucht. In dieser Hinsicht ist Heidegger – wie Edith Stein, Max Scheler und Romano Guardini – Phänomenologe. Von dem Versuch der Überwindung des vorstellenden Denkens kommt auch sein Gedanke des „Gestells" als des Wesens der Technik. Um Heideggers Grundintention verstehen zu können, ist also zunächst mit ihm die „Kehre" zu vollziehen, um sich dann in eine vernehmende und hörende Grundhaltung einstimmen zu können, die das Gehen eines Denkweges erst möglich macht. Vor aller philosophischen Tätigkeit ist folglich erst die richtige Haltung zu finden und einzuüben. Weil Heidegger verstanden hat, daß Denken Vernehmen ist, deshalb ist er auf einen Weg gestoßen, der nicht nur irgendwo endet, sondern der zur Heimat in einem zweifachen

Sinne führt: Der Weg wird selbst zur Heimat und Heimat ist nicht nur im Sinne der Erdverbundenheit zu verstehen.

Sowohl bei seinem 70. als auch bei seinem 80. Geburtstag geht es Heidegger um das „Heimatliche der Heimat", das es zu retten gilt. Er sieht die Gefahr, daß der moderne Mensch dabei ist, sich in der Heimatlosigkeit einzurichten. Aber diese Heimatlosigkeit verbirgt sich hinter einem Phänomen, das Heidegger die „Weltzivilisation" nennt. Unter Weltzivilisation ist aber nichts anderes zu verstehen als die Vorherrschaft der Naturwissenschaften, die Vorherrschaft und der Vorrang von Wirtschaft, Politik und Technik. Alles andere ist nach Heidegger nicht einmal mehr Überbau, sondern nur noch ein ganz „brüchiger Nebenbau". Heidegger sieht, daß der Mensch dabei ist, seinen Weg nicht nur zu verlieren, sondern auch nicht mehr in der Lage ist, ihn überhaupt einschlagen zu können, weil ihm das abhanden gekommen ist, was zum Menschsein des Menschen gehört: das Sein-Können und das Wissen um den je eigenen Seinsbezug, der sich als Dasein zeigt. Heidegger gehört nun zu den Denkern, die stets um diesen Seinsbezug gewußt haben und ihn immer wieder nach-denkend in die Zeit eingeholt haben. Trotz stetiger Betonung der Endlichkeit und Eingeschlossenheit des menschlichen Bewußtseins in seine Welt, wußte er um die Ganzheit des Bezuges, in dem der Mensch und die Welt immer schon stehen. Deshalb wird es Heideggers bleibender Verdienst bleiben, seine Zeit auf die Seinsfrage aufmerksam gemacht zu haben. Ihm ist es dann auch bewußt geworden, daß, wenn die Metaphysik sich die Frage nach dem Sein stellt und beantwortet, sie nicht das Sein denkt, sondern stets das Seiende als das Seiende meint. Heideggers Denken steht also in einem konträren Gegensatz zu seiner Zeit. Zum einen deshalb, weil das Allgemeinbewußtsein die Seinsfrage überhaupt nicht gestellt haben will und zum anderen, weil Heidegger sich die Seinsfrage stellt und dabei nicht das Seiende als Seiendes meint, sondern das Sein schlechthin.

Es ist an der Zeit, Heideggers philosophische Anliegen verstehend aufzugreifen und sich sachlich mit seiner Philosophie auseinanderzusetzen. Dabei ist zu bedenken, daß Heidegger auch

Geschichtsphilosoph ist und an die heutige Zeit eine Botschaft weitergibt. Dieses sein Grundanliegen wird verkannt, wenn sich der Verstehens- und Diskussionsradius nur und ausschließlich um das Thema des Nationalsozialismus dreht. Ein wenig Weit- und Tiefblick ist gefordert, um sich dem tatsächlichen Erbe Heideggers auch stellen zu können. Vor allem fordert seine Philosophie auch die Wahrheitsliebe und die Treue ihr gegenüber. Heidegger wußte auch um die Wahrheitsfrage und um deren Zusammenhang mit der Seinsfrage. Das Grundproblem ist also nicht die Vorläufigkeit des Politischen, sondern es geht darum, den richtigen Weg zu finden, der in Richtung Heimat führt. Ihn zu finden, bedeutet, zu sein, ihn nicht zu finden, bedeutet, in der Nichtigkeit zu sein. Das ist die Grundproblematik der heutigen Zeit. Letztendlich geht es also heute überhaupt nicht um Sekundärprobleme wie wirtschaftliche, politische oder technische Fragen, sondern um die Seinsfrage. Heidegger hat sie gestellt und die Beantwortung ist die Aufgabe der heutigen Zeit. Je nachdem, wie die Antwort ausfällt, wird sie im einzelnen Fall Ewigkeit oder Verdammnis bringen. Heidegger hat sehr wohl erkannt, daß die heutige Zeit in der Entscheidung steht, daß der Weg mit das Ziel ist und daß das Verlassen des Weges über Glück oder Unglück entscheiden kann. Mit seiner Weg-Philosophie hat Heidegger gezeigt, daß es darum geht, die Heimat zu gewinnen.

Benediktbeuern, den 15. August 1989

Lina Börsig-Hover

Lina Börsig-Hover
Martin Heidegger und die Philosophie: Unterwegs zur Heimat

Am 26. September 1889 wird Martin Heidegger in der badischen Kleinstadt Meßkirch geboren. Dies wird nicht ohne Wirkung auf sein Denken und seine Art, wie er philosophieren wird, bleiben. Heidegger kommt aus dem alemannisch-schwäbischen Lebensbezug, der sowohl eine schwere Bodenständigkeit und Heimatverbundenheit aufweist als auch sich durch einen ständigen denkenden Zugang zu den Dingen auszeichnet. Durch den denkerischen Zugang jedoch wird die Bodenständigkeit nicht zu einer Selbstverständlichkeit, sondern ist mit einer gewissen Unruhe durchsetzt. Dadurch fehlen eine gewisse Behaglichkeit und Zufriedenheit, eine freiwillige Begrenzung eigenen Wollens sowie die einfache Heiterkeit eines mit sich selbst im Einklang stehenden Gemüts. Bei Heidegger findet sich das Ringende seines Wesens in seinem Denken wieder: in seinem Hin- und Hergehen zwischen den Bereichen des Objektiven und Subjektiven, das bis an die Grenzen der Auslegungsmöglichkeiten führt[1]. Im Grunde ist Heidegger aber immer mit der Frage nach dem „Sinn von Sein" beschäftigt. Darin leuchtet zutiefst die Frage nach dem Woher und Wohin auf, letztendlich die Frage nach der Heimat des Menschen.

Das Heimatliche der Heimat liegt Heidegger immer sehr am Herzen. Er weiß, daß der Mensch einen Ort braucht, der ihm gewährt ist und von dem her sich ihm alles zustellt, was ihm gehört. Ebenso weiß er, daß in der heutigen seins- und gottvergessenen Zeit das Wesen der Heimat gefährdet, wenn nicht gar schon zerstört ist. Dagegen hält Heidegger am Heimatlichen der Heimat fest. In der kleinen Stadt seiner Geburt, Meßkirch, und in der

---

[1] Vgl. *Arthur Hübscher:* Von Hegel zu Heidegger, Stuttgart 1979, 246.

dazugehörigen weiträumigen Landschaft, sowie in den eigenwilligen und oft hintersinnigen Menschen, die dort leben, erkennt er seine Heimat. Das Thema der Heimat und der heimatlosen Menschen erhebt sich für ihn mit erneuter Eindringlichkeit, als der Tod neu in den Horizont seines Denkens tritt. Heidegger bereitet bedächtig und planmäßig seine Beisetzung vor, als noch niemand weiß, wann es sein wird. Diese neue Erfahrung des Todes bringt eine neue Nähe zur Heimat. Deshalb will er auch dort begraben sein. In diesen Zusammenhang gehört auch, daß er Bernhard Welte, seinen heimatlichen Landsmann, bittet, an seinem Grabe zu sprechen[1].

Mit Welte spricht Heidegger auch über die beginnende Gesamtausgabe seiner Werke. Diese Gesamtausgabe liegt ihm am Herzen angesichts der Heimat, angesichts des Todes und angesichts des Geheimnisses Gottes. Heidegger weiß sich gerufen und verantwortlich für die Zeit und die Zukunft. Von daher muß, was bisher von ihm gesagt wurde, noch einmal und in größerem Zusammenhang erscheinen. In diesem Bewußtsein liegt ein fast prophetischer Zug. In einem Brief an Welte vom 24. Mai 1976, zwei Tage vor seinem Tod, weist Heidegger nocheinmal auf das Heimatliche der Heimat hin, in der Himmel und Erde, Sterbliche und Unsterbliche zusammengehören[2]. Er erinnert darin auch an Erzbischof Konrad Gröber, der gleichfalls aus Meßkirch ist und der in seinem Leben einst die wichtige Wende hin zur Philosophie eingeleitet hat.

Heidegger ging einst von Meßkirch aus und kehrt dorthin wieder zurück. Seine Gedanken haben die Welt und das Jahrhundert bewegt. Er hat neue Gedanken, Fragen und Deutungen zur ganzen abendländischen Geschichte beigetragen. Vor allem hat er wieder nach dem Grund der Dinge gefragt, und die Frage nach dem Sein des Seienden wird zum erstenmal formuliert. Heidegger denkt nicht nur über das Seiende nach, sondern das Sein des Seienden, also sein Grund, liegt ihm am Herzen. Dabei ist er

---

[1] Vgl. *Bernhard Welte:* Erinnerungen an ein spätes Gespräch, in: Erinnerungen an Martin Heidegger, hrsg. v. Günther Neske, Pfullingen 1977, 251.
[2] Vgl. ebda., 252.

immer ein Sucher und immer auf dem Wege geblieben. Mit Nachdruck hat er sein Denken als einen Weg bezeichnet. Ohne Ruhe wandert er auf diesem Weg, der keinen geraden Verlauf hat, sondern Wendungen und Kehren enthält. Seinen Weg hat Heidegger immer als einen verstanden, der ihm geschickt und gewiesen ist. Sein Wort sucht er als Antwort auf eine Weisung zu verstehen, auf die er unablässig hört. Darin ist er mit Romano Guardini verwandt, den er als Kommilitone in Freiburg kennenlernt, und dem er auch 1907 wieder in Tübingen begegnet [1]. Heidegger und Guardini – zur gleichen Zeit philosophisch tätig, jeder jedoch auf eine ganz andere Weise –, denken und schreiben aus etwas heraus, was sich ihnen immer wieder auf eine besondere Weise zustellt. Beide versuchen, auf die Zeit zu hören, und auf das, was sich darin zeigen will. Gleichsam aus dem Ursprung heraus wollen sie das Sich-ihnen-Zeigende erahnen und ihm folgen.

Am 7. Mai 1960 zitiert Heidegger bei der Hebelfeier den alemannischen Dichter, der vom stillen Grab spricht: „Sel Plätzli hat e gheimi Tür, und's sin no Sachen ehne dra" und er zitiert in derselben kurzen Rede noch einmal Hebels Verse dazu: „Kein Wort der Sprache sagt's – kein Bild des Lebens malt's"[2]. Was kein Wort sagt und kein Bild malt, ist das Geheimnis. Heidegger hat es immerfort gesucht. Er hat es auf seine Art und Weise gesucht, und zwar so gesucht, daß er immer auf seinem Wege blieb. Das Geheimnis kann aber nur von jemand gesucht werden, der um einen Weg weiß, und darum, daß er diesen Weg gehen muß. Einen Weg gehen muß wiederum nur derjenige, der um sein Unterwegs-Sein weiß, der weiß, daß Heimat nicht im Hier-und-Jetzt zu finden ist, sondern im Jenseitigen angesiedelt ist. Für Heidegger wird darum Heimat zu einer Frage der Heimkunft in die Seinsnähe. Heideggers Heimatsuche ist nicht nur als persönlicher Vorgang zu sehen, sondern sie steht allgemein für die gegenwärtige Heimatlosigkeit

---

[1] Vgl. *Romano Guardini:* Wahrheit des Denkens und Wahrheit des Tuns, Paderborn 1980, 112.
[2] Vgl. *Martin Heidegger:* Dank bei der Verleihung des staatlichen Hebelgedenkpreises, in: Hebel-Feier. Reden zum 200. Geburtstag des Dichters, Karlsruhe 1960, 27f.

des neuzeitlichen Menschen [1]. Die Antwort auf die Frage nach der Heimat sucht Heidegger nicht in der Zuwendung zum Nächsten oder Leidenden, sondern in der Frage nach dem Sein, näherhin in der Frage nach dem Sinn von Sein. Die Nichtgeborgenheit in der Endlichkeit läßt überhaupt erst die Frage nach dem Sinn von Sein aufleuchten.

Heideggers Zugang zur Philosophie

Heideggers Wirksamkeit fängt nicht erst mit der Veröffentlichung von „Sein und Zeit" im Jahre 1927 an, sondern schon mit seiner Tätigkeit als Privatdozent in Freiburg und seiner Lehrtätigkeit in Marburg. Nach Hannah Arendt war es um diesen frühen Ruhm seltsam bestellt, denn es lag in diesem Falle nichts vor, worauf der Ruhm sich hätte stützen können [2]. Das, was aber die Studenten nach Freiburg und Marburg gehen läßt, ist die Tatsache, daß Heidegger derjenige ist, der die Sachen, die Husserl proklamiert hat, wirklich erreicht. Heidegger weiß, daß sie keine akademischen Angelegenheiten sind, sondern das Anliegen von denkenden Menschen, und zwar nicht erst seit gestern und heute, sondern seit eh und je. Heidegger spricht nicht über Platons Ideenlehre und stellt sie dar, sondern ein Dialog selbst kommt in Gang. Das Denken ist mit ihm wieder lebendig geworden, und mit ihm gibt es einen Lehrer, bei dem das Denken gelernt werden kann [3].

Es ist nicht Heideggers Philosophie, die so beeindruckt, sondern sein Denken, das nicht „über" etwas nachdenkt, sondern das etwas denkt. Dieses Denken mag sich Aufgaben stellen, es mag sich mit Problemen befassen, aber es kann nicht gesagt werden, daß es ein Ziel hat. Es ist unaufhörlich tätig. Hier zeigt sich, daß Heideggers Denken immer auf dem Wege ist. Es ist beunruhigt

---

[1] Vgl. hierzu *Romano Guardini:* Das Ende der Neuzeit, Würzburg 1950; vgl. *Rainer Marten:* Heideggers Heimat – eine philosophische Herausforderung, in: Nachdenken über Heidegger. Eine Bestandsaufnahme, hrsg. von Ute Guzzoni, Hildesheim 1980, 136-159.
[2] Vgl. *Hannah Arendt:* Martin Heidegger ist achtzig Jahre alt, in: Merkur, Heft 10, 23.Jg., 1969, 893.
[3] Vgl. ebda., 894 f.

und auf der Suche nach dem, was ihm letzte Geborgenheit geben könnte. Diese letzte Geborgenheit wird jedoch mit dem Denken, „das etwas denkt", nicht gefunden, sondern dieses ist die Vorstufe zur Bewußtwerdung dessen, daß, wenn der Mensch „etwas denkt", er zunächst ständig „von etwas" beunruhigt wird, das mit wachsender Reflexion als das erkannt wird, das ruft. Heideggers Denken bohrt zwar in die Tiefe, aber nicht, um in dieser Dimension einen letzten und sicheren Grund zu entdecken oder gar zutage zu fördern, sondern um in der Tiefe zu verbleiben und Wege zu legen und „Wegmarken" zu setzen [1]. Darum dürfen die Wege ruhig „Holzwege" sein, weil sie nicht zu einem außerhalb des Waldes gelegenen Ziel führen. Die Metapher von den „Holzwegen" trifft etwas sehr Wesentliches, aber nicht, wie es erst scheint, in dem Sinne, daß jemand auf den Holzweg geraten ist, von dem es nicht weitergeht, sondern daß jemand, dem Holzfäller gleich, dessen Geschäft der Wald ist, auf Wegen geht, die von ihm selbst gebahnt werden, wobei das Bahnen nicht weniger zum Geschäft gehört als das Schlagen des Holzes. Die Metapher besagt noch etwas anderes: daß die Wege nicht zu einem außerhalb des Waldes gelegenen Ziel führen. Damit sei angedeutet, daß Heidegger mit seinem „Denken als Weg" zunächst innerhalb eines abgesteckten Rahmens bleibt. Wege werden gesucht und neu gebahnt, aber innerhalb eines vorgegebenen Rahmens, der nichts anderes ist als die Endlichkeit des Seienden selbst.

Die Hinweise auf das weghaft Bewegte seines Denkens sind zahllos. Besonders berühmt geworden sind die Titel dreier seiner Schriften: „Holzwege", „Der Feldweg" und „Wegmarken". Er spricht rätselhaft vom „Zuspruch des Feldweges", den man gehend zu vernehmen habe, und daß die Gefahr droht, daß die Heutigen schwerhörig für seine Sprache bleiben. Ihnen fällt nur noch der Lärm der Apparate, die sie fast für die Stimme Gottes halten, ins Ohr. So wird der Mensch zerstreut und weglos [2]. Er ist

---

[1] Vgl. *Hannah Arendt:* Martin Heidegger ist achtzig Jahre alt, in: Merkur, Heft 10, 23.Jg., 1969, 895.
[2] Vgl. *Martin Heidegger:* Der Feldweg (1953), 6. Aufl., Frankfurt 1978, 4.

nicht fähig, auf diesen Zuspruch hinzuhören: „Das Einfache verwahrt die Rätsel des Bleibenden und des Großen"[1]. Der Weg als Zuspruch kehrt unvermittelt bei den Menschen ein. Aber er spricht nur so lange, als Menschen sind, die ihn hören können. Sie sind „Hörige ihrer Herkunft". Heideggers Philosophie ist ein Auf-dem-Wege-Sein. Dies erfordert, daß das Finden und das Gehen des Weges das Grundlegende sind. Philosophie zu betreiben bedeutet also nicht, ein System aufzubauen; Philosophie ist auch keine ausschließlich methodische Angelegenheit, sondern es geht darum, den Weg zu finden. Dieser Weg erweckt einen Sinn, eine wissende Heiterkeit, die ein Tor zum Ewigen ist[2]. Das Begehen und Folgen des Weges macht „heimisch in einer langen Herkunft"[3]. Damit hat das Heimatliche seinen Ursprung und sein Ziel nicht innerhalb von Raum und Zeit, und damit nicht in der Immanenz und Endlichkeit, sondern es stellt sich ein, wenn der Weg gefunden und gegangen wird. Das Auf-dem-Wege-Sein selbst ist somit ein Teil der Heimat, die sich als Weg in Raum und Zeit zeigt. Daß der Weg ein Teil der Heimat ist, zeigt, daß der Mensch eine „lange Herkunft" hat. Er stammt von einem anderen Orte und der Weg führt ihn dorthin zurück.

Heideggers Philosophie ist also ein Unterwegssein. Dabei versucht Heidegger, die Fragen, die sich ihm auftun, auf einen klar gerichteten Weg zu bringen[4]. Die Frage selbst ist schon ein Weg, und es ist nicht immer gesagt, daß der Weg auf die richtige Weise gegangen wird[5]. Der Weg steht im Mittelpunkt der Vorgehensweise. Er ist ständig zu beachten. Dabei ist die Bewegung, das Schritt-für-Schritt-Vorangehen, wesentlich. Zwischen dem Fragen und dem Denken besteht demnach eine besondere Verbindung. Das Denken nämlich findet seinen Weg erst im fragenden Zugang zu den Dingen[6]. Damit hat auch das Denken seinen Weg, den es anhand von Fragen findet. Nach Heidegger ist das Denken

---

[1] Vgl. *Martin Heidegger:* Der Feldweg (1953), 6. Aufl., Frankfurt 1978, 4.
[2] Vgl. ebda., 5f.
[3] Vgl. ebda., 7.
[4] Vgl. ders.: Was ist das – Die Philosophie? (1956), 8. Aufl., Pfullingen 1956, 6.
[5] Vgl. ebda., 11.
[6] Vgl. *Alfred Jäger:* Gott. Nochmals Martin Heidegger, Tübingen, 1978, 138.

damit nicht freie Gedankenspekulation, sondern ebenso auf dem Wege, der in Richtung „Herkunft" führt. Heidegger löst mit seiner Weg-Philosophie auch nicht das Denken auf oder führt es in eine ungreifbare Diffusheit, sondern zeigt, daß das Denken selbst dem Weg unterliegt. Somit ist das Denken selbst etwas, das der Beliebigkeit und Willkürlichkeit entzogen ist. Im Grunde kann es nur vernehmend gestalten.

Heideggers „Sein und Zeit" (1927) ist sein einziges Werk, das mehr oder weniger einen systematischen Charakter trägt. Danach hat Heidegger nie mehr den Weg zu einem derart durchkomponierten Gedankengang gefunden [1]. Dies hat seinen wesentlichen Grund darin, daß das Denken selbst dem Weg unterliegt. Heidegger ist der Wegcharakter aller Philosophie deutlich geworden. Daß dies so ist, zeigt sich in der „Kehre", die Heidegger unternommen hat, um sich dem Gefüge des Weges selbst zu unterstellen. Heidegger nimmt Abstand von einem selbstgestalteten Entwurf und beginnt nach-zudenken. Er praktiziert damit kein entwerfendes Denken, sondern ein Denken, das schon unter einer Vorgabe, dem Weg, steht. Damit verläßt Heidegger jegliche Philosophie der Subjektivität [2]. Gleichzeitig ist sein Denken ein Austreten aus der neuzeitlichen Philosophie, die sich ihre Wirklichkeit konstruiert, anstatt zu wissen, daß Wirklichkeit immer nur gefunden werden kann, weil sie vor aller Zeitlichkeit schon ist. Heidegger hat sich also nach „Sein und Zeit" für das Denken als Vernehmen entschieden.

Denken als Weg und das Unterwegssein zur Heimat

Heideggers Denk-Weg ist nicht als eine Art Methode zu verstehen, sondern ist eingefügt in den ursprünglichen, „alles be-wegenden" Weg, der erst jegliches philosophisch-methodische Vorgehen möglich macht. Heidegger will zurück zum „großen verborgenen Strom", dem das neuzeitliche Methodenverständnis

---

[1] Vgl. *Alfred Jäger:* Gott. Nochmals Martin Heidegger, Tübingen, 1978, 138.
[2] Vgl. *Walter Schulz:* Über den philosophiegeschichtlichen Ort Martin Heideggers, in: Philosophische Rundschau, 1. Jg., 1953/54, 83.

seine gewalthafte Wirksamkeit verdankt [1]. Aus diesem Grund kann er sagen: „Alles ist Weg" [2]. Die Anspielung an den chinesischen Gedanken des Tao, des Spiels von Himmel und Erde, ist nicht zufällig. Heidegger bringt sein Verständnis in dessen Nähe: "Indes könnte der Tao der alles be-wegende Weg sein, dasjenige, woraus wir erst zu denken vermögen, was Vernunft, Geist, Sinn, Logos eigentlich, d.h. aus ihrem eigenen Wesen her sagen möchten. Vielleicht verbirgt sich im Wort 'Weg', Tao, das Geheimnis aller Geheimnisse des denkenden Sagens, falls wir diese Namen in ihr Ungesprochenes zurückkehren lassen und dieses Lassen vermögen" [3].

Tao, ein grundlegender Begriff der chinesischen Philosophie, insbesondere des Taoismus, ist der Weltengrund, der allen Erscheinungen zugrunde liegt. Insofern spricht Heidegger vom Weltengrund als dem Geheimnis. Im Gegensatz zum Taoismus ist bei ihm vom „denkenden Sagen" die Rede. Weltengrund, Tao oder Weg sind der verstandesmäßigen Erkenntnis zugänglich, die sich einem vernehmenden Denken verpflichtet weiß. Wenn Heidegger nun vom Tao spricht, ist dieses nicht im chinesischen Sinne zu verstehen, weil Heidegger ja gerade über den Weg Aussagen macht und nicht innerhalb einer mystischen Versenkung bleibt. Dies impliziert gleichzeitig, daß der Weg oder Weltgrund von sich her auch aktiv wirkend ist und den Erkennenden von sich her anspricht. Deshalb kann Heidegger auch vom „kaum vernehmbaren Versprechen" der Spur reden [4].

Heidegger unterscheidet sich streng vom Methodenverständnis der Neuzeit. Die überlieferte Leitfrage der Metaphysik: Was ist das Seiende? wandelt sich im Beginn der neuzeitlichen Metaphysik zur Frage nach der Methode, nach dem unerschütterlichen Grund der Wahrheit. Dieser Wandel ist nach Heidegger der Beginn eines neuen Denkens, wodurch das Zeitalter zu einem neuen und die Folgezeit zur Neuzeit wird [5]. Danach gehört das

---
[1] Vgl. *Martin Heidegger:* Unterwegs zur Sprache, Pfullingen 1959, 198.
[2] Vgl. ebda., 198.
[3] Vgl. ebda., 198.
[4] Vgl. ebda., 137.
[5] Vgl. ders.: „Nietzsche", Bd. II, Pfullingen 1961, 142.

neuzeitliche Methodenverständnis seit Descartes, auf den sich Heidegger explizit bezieht, zum Wesen der Metaphysik. Der Mensch versucht sich methodisch der Wahrheit zu vergewissern. Im Mittelpunkt der neuzeitlichen Vorgehensweise steht alleine die Methode, und das, was mit der Methode eigentlich erfaßt werden sollte, tritt zurück. Übrig bleibt die Methode als Methode. Die Methode wird dabei verstanden als planmäßiges Verfahren zur Verwirklichung oder Lösung einer Aufgabe, besonders aber zur Gewinnung von Erkenntnissen oder Gewißheiten. Dagegen bedeutet methodos „Nachgehen" oder „Nach-Weg". Dem, was nachgegangen werden kann, ist der Weg. Insofern hat Heidegger das neuzeitliche Methodenverständnis wieder auf seinen Grund, den Weg, zurückgeführt. Der Wortgebrauch von methodos im Sinne von „Nach-Weg" kann zweierlei bedeuten: Zum einen die Suche nach dem Weg und zum anderen das, was den sekundären Akt darstellt, nämlich das Faktum, daß die methodische Vorgehensweise nur dort möglich ist, wo auf den Weg vorgestoßen wurde.

Noch in einem weiteren Punkt unterscheidet sich Heideggers Weg-Denken vom neuzeitlichen Methodenverständnis. Zur neuzeitlichen Methode gehört es weiterhin, daß zumindest der philosophische Denker den Weg der methodischen Schritte vorausgegangen ist [1]. Er ist am abschließenden Ziel des Weges zur Wahrheit angelangt. Wie Descartes hat er den absoluten, unerschütterlichen Grund der Wahrheit gefunden. Dies ist anders bei Heidegger, der sich selbst noch auf dem Wege weiß und sich immer wieder um den Weg müht, der selbst schon so etwas wie Vertrautheit und Heimatlichkeit ist. Dabei ist der Weg selbst wiederum etwas, das gar nicht im voraus gefaßt werden kann, sondern sich erst durch den „Vollzug des Schrittes" zeigt, auch in seinem Wohin [2]. Heidegger kommt also mit seinem Denken als Weg an kein Ende. Immer wieder stellen sich neue Etappen ein, die nicht voraus-denkend, sondern nur nach-denkend gefaßt werden können. Erst im

---

[1] Vgl. *Alfred Jäger:* Gott. Nochmals Martin Heidegger, 1978, 141.
[2] Vgl. *Martin Heidegger:* Identität und Differenz (1957), 6. Aufl., Pfullingen 1978, 42.

nachhinein zeigt sich so etwas wie ein Weg. Dennoch gilt es, auf dem bekannten, unbekannten Wege zu bleiben.

Gibt es dennoch so etwas wie ein Sinnziel bei Heideggers Weg-Denken? Bei allem Denken und auf dem Wege-sein kommt Heidegger zwar nie an ein Ende, dennoch weiß er um sein Sinnziel: „Auf einen Stern zugehen, nur dieses. – Denken ist die Einschränkung auf einen Gedanken, der einst wie ein Stern am Himmel der Welt stehen bleibt"[1]. Sein Sinnziel ist es also, den Gedanken zu finden, auf den es letztendlich ankommen wird. Insofern kann nicht von einer Gleichwertigkeit der verschiedenen Denkwege gesprochen werden. Auch geht es bei Heidegger nicht um das Denken um des Denkens willen, sondern darum, den eigentlichen Weg zu finden. Heidegger spricht sogar von der „Einschränkung" auf diesen wesentlichen Gedanken. Folglich gibt es Denk-Wege, die nicht zu gehen sind. Falls sie doch gegangen werden, so gilt es spätestens im Alter, dort inne zu halten, „wo der einzige Gedanke eines Denkweges in sein Gefüge eingeschwungen ist"[2].

Auch wenn die konkrete Benennung seines Sinnzieles immer wieder variiert und sich erst in der Spätphilosophie explizit ausspricht, kann Heidegger auch in seiner „Kehre" nicht verstanden werden, wenn diese Zielgerichtetheit aus dem Auge verloren wird. Als Benennung des Ziels fungieren zeitlich verschiedene Ausdrücke, wie z.B. Denken des „Seienden im Ganzen", des „Seins selbst", Denken der „Unverborgenheit" und „Wahrheit" des Seins, des Seyns, um dann endlich in der Sprache des Gevierts auf die Rede von Sein überhaupt zu verzichten[3]. Obwohl Heidegger eine große Anzahl Werke und Abhandlungen als „Durchgang" hinterläßt, sind seine philosophischen Texte kein Weg, der einfach und sicher nachgegangen werden könnte. Es sind Spuren auf einem Weg, den Heidegger gegangen ist. Es ist ein Weg, der unter der zuvor genannten „Einschränkung" gesucht wurde. Heidegger sagt hierzu: „Ich folgte immer nur einer undeutlichen Wegspur, aber ich folgte. Die Spur war ein kaum vernehmbares Ver-

---

[1] Vgl. *Martin Heidegger:* Aus der Erfahrung des Denkens, Pfullingen 1954, 7.
[2] Ebda., 19.
[3] Vgl. *Alfred Jäger:* Gott. Nochmals Martin Heidegger, 1978, 145.

sprechen, das eine Befreiung ins Freie ankündigte, bald dunkel und verwirrend, bald blitzartig wie ein jäher Einblick, der sich dann auf lange Zeit hinaus wieder jedem Versuch, ihn zu sagen, entzog"[1].

In Heidegger haben wir einen Philosophen vor uns, der immer auf dem Wege war und erst im Gehen des Weges so etwas gefunden hat wie Heimatlichkeit. In Raum und Zeit ist ihm sein Denkweg zur Heimat geworden. Er ist ihm so zur Heimat geworden, daß er am Ende seines Lebens seine letzte Ruhestätte auch in seiner Heimaterde finden durfte. „Unterwegs zur Heimat" ist demnach so zu verstehen, daß Heidegger nicht nur die bodenständige Heimatlichkeit suchte und gefunden hat, sondern auch die Heimatlichkeit dem Geiste nach. Die geistige Heimat hat sich bei Heidegger immer wieder in der Unruhe seines Denkens gemeldet. Heidegger wußte, daß „alles Wesentliche und Große nur daraus entstanden ist, daß der Mensch eine Heimat hatte und in einer Überlieferung verwurzelt war"[2]. Die Vorahnung dessen, was für den Menschen seine geistige Heimat ist, konnte er im Gehen seines Denk-weges erahnen und teilweise erfahren. Deshalb kann seine kleine Schrift „Der Feldweg" die Botschaft vermitteln: „Wer auf dem Weg bleibt, überlebt". Dies kann wiederum nur jemand schreiben, der so etwas wie einen Weg gefunden hat. Heidegger wußte sich in der tragenden Geborgenheit eines Weges, der zur geistigen Heimat führt.

---

[1] *Martin Heidegger:* Unterwegs zur Sprache, 137.
[2] Ders.: Spiegel-Gespräch mit Martin Heidegger, in: Antwort, hg.v. Günther Neske und Emil Kettering, Pfullingen 1988, 99.

Hanna-Barbara Gerl
Unterscheidung aus Nähe:
Edith Stein und Martin Heidegger

„Einmal waren wir in größerem Kreis bei Husserls eingeladen. Wenn ich mich nicht irre, war es an diesem Abend, daß ich Martin Heidegger kennenlernte. Er hatte sich noch bei Rickert habilitiert, Husserl hatte ihn von seinem Vorgänger übernommen. Seine Antrittsvorlesung hielt er erst, als Husserl schon in Freiburg war. Sie hatte unverkennbare Spitzen gegen die Phänomenologie. Seine spätere Frau, damals noch Fräulein Petri, war im Seminar bei Husserl und opponierte lebhaft. Er hatte mir selbst davon erzählt. 'Wenn ein Weibsbild so widerspenstig ist, dann steckt ein Mannsbild dahinter.' An diesem Abend gefiel mir Heidegger sehr gut. Er war still und in sich gekehrt, solange nicht von Philosophie gesprochen wurde. Sobald aber eine philosophische Frage auftauchte, war er voller Leben"[1].

Dieser Freiburger Abend im Sommer 1916 – wohl noch im Juli – brachte die Protagonisten zusammen, deren Wege sich immer wieder berührten und sonderten: Edith Stein und Martin Heidegger, wobei die Gestalt ihres gemeinsamen Lehrers Edmund Husserl die Klammer darstellte. In den noch unveröffentlichten Briefen der jungen Doktorin Edith Stein an ihren Freund Roman Ingarden taucht Heidegger in diesen frühen Jahren zuweilen auf, wobei sich – je länger je mehr – eine ungewisse, ja doppeldeutige Haltung Edith Steins zu ihm ausdrückt. Am 8. Juni 1918: „Ich ging abends zu Husserl, um über Ihre Arbeit mit ihm zu reden, traf aber auf der Schwelle den kleinen Heidegger, und wir machten dann zu dritt einen – übrigens sehr hübschen – religionsphilosophischen Spaziergang, der sich bis eben hinzog (¾ 12)"[2].

---

[1] *Edith Stein,* Aus dem Leben einer jüdischen Familie. Vollständige Ausgabe. Werke VII, Druten/Freiburg 1985, 369.
[2] Brief an R. Ingarden vom 8.6.1918 aus Freiburg (Archiv Karmel Köln). Sr. M. Amata Neyer OCD sei für die Einsicht in die Briefe und die Druckerlaubnis sehr herzlich gedankt!

Was in dieser brieflichen Bemerkung unverfänglich notiert ist, hat bereits einen etwas aufgeladenen Hintergrund. Edith Stein hatte nach ihrer glänzenden Promotion „summa cum laude" 1916 bei Husserl vom Herbst jenes Jahres an bis zum Frühjahr 1918 als Privatassistentin des „Meisters" eine höchst undankbare Aufgabe übernommen. Hunderte von stenographischen Notizen auf losen Zetteln zum Thema „Zeit", die zum Teil aus ganz frühen Vorlesungen stammten, waren von ihr „mit eindrucksvoller Intelligenz, erstaunlicher Arbeitskraft und bewundernswerter Hingabe"[1] geordnet, mit Überschriften versehen und für die Edition vorbereitet worden. Diese, sie gleichzeitig unterfordernde und überfordernde Arbeit, war von ihr aus freien Stücken gekündigt worden, da sie in dem endlosen Aufbereiten von Material nicht mehr über Zeit und Kraft verfügte, ihre eigenen Gedanken schöpferisch auszufalten. Husserl hatte unmittelbar darauf den jungen Heidegger als Assistenten eingestellt, der damit der Nachfolger Edith Steins wurde, freilich nicht mehr als Privatmann, sondern als Assistent der Universität und besser bezahlt als Edith Stein. In diesem Zusammenhang sei vorgegriffen: Edith Steins unendliche Mühe mit dem Husserl-Manuskript trug eine späte Frucht: Im Jahre 1928 wurden die „Vorlesungen zur Phänomenologie des inneren Zeitbewußtseins" im Band IX des Husserl-Jahrbuchs herausgegeben – als Name des Herausgebers stand Martin Heidegger. Im Vorwort verwies Heidegger zwar auf die Vorbereitung der Texte durch Edith Stein, erwähnte aber dabei nur ihre Übertragung des stenographischen Konzepts und ihre Einteilungen. Daß er selbst fast ohne jede Bearbeitung die Vorlage Edith Steins schlechthin übernommen hatte, fällt in der Einleitung aus[2]. Husserl, der von Heideggers Herausgabe mehr erwartet hatte, drückte seinerseits eine gewisse Enttäuschung über dieses Verfahren aus[3].

---

[1] Der Herausgeber der Husserliana X, Zur Phänomenologie des inneren Zeitbewußtseins (1893-1917), Den Haag 1966, R. Böhm, hat die Arbeit Edith Steins rekonstruiert; das Zitat findet sich in seiner Einleitung, S.X.
[2] *Matin Heidegger,* Vorwort zum Husserl-Jahrbuch IX (1928).
[3] *Roman Ingarden* (Hg.), Husserl-Briefe an Ingarden, Brief Nr. XXXIV vom 13.7.1928.

Edith Stein wird rasch an Heidegger das Abrücken vom gemeinsamen „Meister" bemerken, wobei sie den erstaunlichen Willen Husserls, die Ablösung nicht zur Kenntnis zu nehmen, ebenfalls notiert. Am 22. September 1921 schreibt sie aus Breslau: „Es ist schön, daß sich jetzt allmählich ganz von selbst der Zusammenhang unter den Phänomenologen herstellt, um den ich mich früher vergeblich bemüht habe. Nur Freiburg ist noch ein dunkler Punkt"[1]. Drei Wochen später erhellt sie den dunklen Punkt: „Heidegger genießt Husserls absolutes Vertrauen und benutzt es, um die Studentenschaft, auf die er stärkeren Einfluß hat als Husserl selbst, in einer Richtung zu führen, die von Husserl ziemlich weit abliegt. Außer dem guten Meister weiß das jedermann. Wir haben schon viel beraten, was man dagegen tun könnte. Koyré (...) schlug vor, daß wir 'älteren Leute' mal alle zusammen möglichst auf ein paar Wochen im Semester hingehen sollten, um eine Auseinandersetzung mit der 'neuen Richtung' herbeizuführen. Conrads möchten es auch sehr gern"[2].

Die 'neue Richtung' meint folgenden, mittlerweile wohlbekannten Zusammenhang: Husserl hatte bereits seit dem Wintersemester 1916 für Heidegger einen Lehrauftrag in Freiburg durchgesetzt; die Assistentenstelle bedeutete außerdem eine Zusammenarbeit von 1918 bis 1923, als Heidegger nach Marburg wegging. In diesen Jahren hatte Husserl sich von seinem vermeintlichen Schüler Großes versprochen, was genauer hieß, daß er ihn nicht nur als Nachfolger, sondern vor allem als den einzigen genialen Weiterführer seiner eigenen Arbeit ansah. Heidegger selbst hatte dieser Ansicht immer wieder Nahrung gegeben, gleichzeitig aber deutliche Unterschiede zur Lehre Husserls, wie auch Abstand zum Menschen Husserl eingezogen. An drei Zeugnissen sei dies deutlich gemacht. Karl Jaspers, der mit Heidegger in jahrelanger Anziehung und Abstoßung verbunden war, notierte folgendes Erlebnis: „Im Frühjahr 1920 waren meine Frau und ich einige Tage in Freiburg, um bei der Gelegenheit Husserl und Heideg-

---

[1] Brief an R. Ingarden vom 22.9.1921 aus Breslau (Archiv Karmel, Köln).
[2] Brief an R. Ingarden vom 15.10.1921 aus Breslau (Archiv Karmel, Köln).

ger zu sprechen. Es wurde Husserls Geburtstag gefeiert. Man saß in größerem Kreise am Kaffeetisch. Dabei wurde Heidegger von Frau Husserl das 'phänomenologische Kind' genannt. Ich erzählte, eine Schülerin von mir, Afra Geiger, eine Persönlichkeit ersten Ranges, sei nach Freiburg gekommen, um bei Husserl zu studieren. Nach der Aufnahmeordnung seines Seminars habe er sie abgewiesen. So sei ihm und ihr durch den akademischen Schematismus eine gute Möglichkeit verlorengegangen, weil er es versäumt habe, den Menschen selbst zu sehen. Heidegger fiel lebhaft, mich bestätigend, ein. Es war wie eine Solidarität der beiden Jüngeren gegen die Autorität abstrakter Ordnungen. Husserls Gespräch war unbefangen (. . .). Heidegger war ärgerlich gestimmt. Die Atmosphäre dieses Nachmittags war nicht gut. Es schien mir etwas Kleinbürgerliches, etwas Enges fühlbar, das des freien Zuges von Mensch zu Mensch, des geistigen Funkens, des Sinns für Noblesse entbehrte. Husserls Freundlichkeit zwar hatte etwas Warmes, aber ohne Kraft und Größe (. . .). Nur Heidegger schien mir anders. Ich besuchte ihn, saß allein mit ihm in seiner Klause, sah ihn beim Lutherstudium, sah die Intensität seiner Arbeit, hatte Sympathie für die eindringliche knappe Weise seines Sprechens"[1].

Ein späterer Schüler und Kritiker, Hans-Georg Gadamer, der in dieser Freiburger Zeit Heidegger selbst nicht kennenlernte, erfuhr bereits von seiner Aura: „Schon in diesen frühen Dozentenjahren hatte Heidegger einen ungewöhnlichen Lehrerfolg und gewann bald einen geradezu magischen Einfluß auf die Jüngeren und Gleichaltrigen (. . .). Das Gerücht von ihm erreichte mich in Marburg, wo ich mein Doktorat vorbereitete. Studenten kamen von Freiburg und berichteten schon damals, 1920/21, weniger von Husserl als von Heidegger und seiner überaus eigenwilligen und tiefsinnig-revolutionären Vorlesung"[2].

Karl Löwith sei aufgerufen als unmittelbarer Zeuge dieser Faszination und des für alle schon greifbaren Gegensatzes zu Husserl: „Gemeinsam mit Husserl und auch schon gegen ihn wirkte ein

---

[1] *Karl Jaspers,* Philosophische Autobiographie, München 1977, 92f.
[2] *Hans-Georg Gadamer,* Heideggers Wege. Studien zum Spätwerk, Tübingen 1983, 141.

junger Mann, der damals über Freiburg hinaus noch gänzlich unbekannt war: Martin Heidegger. Er war persönlich das Gegenteil seines im Grunde kindlichen Meisters, und intensiver als dieser zog uns der Jüngere an. Er ist mein eigentlicher Lehrer geworden, dem ich meine geistige Entwicklung verdanke. Die faszinierende Wirkung, die von ihm ausging, war zum Teil in der Undurchsichtigkeit seines Wesens begründet: niemand kannte sich mit ihm aus, und seine Person ist wie seine Vorlesung durch Jahre hindurch ein Gegenstand heftiger Kontroversen gewesen. Er war wie Fichte, nur zur Hälfte ein Mann der Wissenschaft, zur anderen und vielleicht größeren ein opponierender Charakter und Prediger, der durch Vor-den-Kopf-Stoßen anzuziehen verstand und den der Unmut über die Zeit und sich selbst vorantrieb"[1].

Gleichwohl hatte Husserl die Doppeldeutigkeit seines Assistenten nicht erfaßt, vielleicht nicht erfassen wollen. Selbst ein ziemlich handgreiflicher Unterschied, der die gegensätzliche Entwicklung betont, wird von ihm zustimmend vermerkt: Heideggers Annäherung an den Protestantismus, die Ausdruck seiner theologischen Fragestellung in der Philosophie war. In dem bekannten Brief an den Marburger Religionsgeschichtler Rudolf Otto vom 5. März 1919 unterstreicht Husserl: „Meine philosophische Wirksamkeit hat doch etwas merkwürdig Revolutionierendes: Evangelische werden katholisch, Katholische evangelisch. Ich aber denke nicht ans Katholisieren und Evangelisieren; nichts weiter will ich, als die Jugend zu radikaler Redlichkeit des Denkens zu erziehen (...). Ich habe auf den Übergang Heideggers (...) auf den Boden des Protestantismus nicht den leisesten Einfluß geübt, obschon er mir als freiem Christen (...) und als 'undogmatischem Protestanten' nur sehr lieb sein kann. Im übrigen wirke ich gern auf alle wahrhaftigen Menschen, mögen es Katholische, Evangelische, oder Juden sein"[2].

---

[1] *Karl Löwith,* Mein Leben in Deutschland vor und nach 1933. Ein Bericht, Stuttgart 1986, 27.
[2] Zitiert nach: *Hugo Ott,* Martin Heidegger: Unterwegs zu seiner Biographie, Frankfurt/New York 1988, 116f.

Gegenteilig wirkt freilich Husserls Antwort auf die Mitteilung, seine Schülerin Edith Stein würde konvertieren: „Was Sie von Frl. Stein schrieben, hat mich betrübt – mir selbst schrieb sie nicht. Es ist leider eine große Übertrittsbewegung – ein Zeichen des inneren Elends in den Seelen"[1].

Diese unterschiedliche Erwiderung auf einen im Ansatz gleichlautenden Entscheid, der in beiden Fällen über Husserls eigene Haltung hinausging, beleuchtet nebenbei die unterschiedliche Einschätzung seiner Mitarbeiter. Es ist deutlich, daß Edith Stein mit nicht geringerer Freiheit als Heidegger ihr Interesse am Christentum durchaus philosophisch einzuordnen wußte und keineswegs aus innerem Elend sich eine Zufluchtsstätte schuf. Im Umkreis ihrer Vorbereitung auf die Taufe reflektiert sie in einem Brief an denselben Roman Ingarden, und zwar nach Gesprächen mit ihrer bedeutenden Freundin und künftigen Taufpatin Hedwig Conrad-Martius: „(. . .) und so gewiß jeder Philosoph im Grunde seines Herzens Metaphysiker ist, so gewiß spekuliert auch jeder, explicite oder implicite. Bei dem einen steht die Metaphysik auf, bei dem andern zwischen den Zeilen. Jeder *große* Philosoph hat seine eigene, und es ist nicht gesagt, daß sie jedem zugänglich sein müsse. Sie hängt aufs engste – und legitimer Weise – zusammen mit dem *Glauben*. (. . .) Man kann zusammen Phänomenologie, nach der *einen* Methode Philosophie als strenge Wissenschaft betreiben und in der Metaphysik einen diametral entgegengesetzten Standort haben. So ist es ja offenbar mit Husserl und mit uns"[2].

Die Folgerungen, die Edith Stein in intensiver Anstrengung um die Wahrheit unternahm, hatten bei Ihr zu einer anderen Antwort auf die Existenzfrage geführt als bei ihrem Lehrer oder Heidegger. Gleichwohl kann es keinen Zweifel geben, daß ihre Entscheidung keineswegs auf intellektueller Kapitulation, vielmehr im Gegenteil auf einer reizvollen Verbindung von Intellekt und und Glauben aufruhte. Dies zu betonen ist nötig, weil sich daraus

---

[1] Zitiert nach: *Hugo Ott*, Martin Heidegger: Unterwegs zu seiner Biographie, Frankfurt/New York 1988, 117; Brief an R. Ingarden vom 25.11.1921.
[2] Brief vom 13.12.1921 an R. Ingarden (Archiv Karmel, Köln).

eine Beziehung zu Heidegger gestaltet, die andernfalls wohl gar nicht zustandegekommen wäre. Es geht zunächst um die bereits erwähnten „Vorlesungen zur Phänomenologie des inneren Zeitbewußtseins" von 1928. An keiner Stelle hat Edith Stein Heidegger gegenüber ihr Erstaunen ausgedrückt, daß er ihren Namen bei der Veröffentlichung fast gänzlich unterschlagen hatte. Dies ist wohl nur möglich aufgrund ihrer religiösen Begabung, Vorgänge dieser Art umzuschmelzen, ohne ihre Verletzungen sichtbar zu machen. Sie wird im Gegenteil mit Heidegger intensiven Kontakt aufnehmen, nämlich 1931 in Freiburg, als sie zum vierten (!) und letzten Mal ihre Habilitation in Philosophie betreiben wollte und seinen Rat suchte. Er kam ihr entgegen, blieb freilich im letzten unverbindlich: „Heidegger erschien durchaus nicht dämonisch, sondern freundlich und wohlwollend. Er erklärte, er habe weder sachlich noch persönlich etwas einzuwenden. Nur müßte er sich, ehe er mir eine Zusage gäbe, mit der Regierung in Verbindung setzen, ob noch ein Privatdozenten-Stipendium zu haben sei. Anders ginge er an keine Habilitation heran. Daran merkte ich, daß er glaubte, ich wolle mich bei ihm habilitieren. Aber ehe ich noch zu Ende überlegt hatte, wie ich ihn darüber aufklären sollte, sagte er selbst: wenn ich für die Zukunft an eine katholische Berufung dächte, sei es für mich besser, es *nicht* bei ihm, sondern bei Honekker zu machen"[1].

Die geplante Habilitation zerschlug sich erneut, nicht zuletzt weil Edith Stein selbst einem Ruf an das Deutsche Institut für wissenschaftliche Pädagogik in Münster (Ostern 1932 – Januar 1933) folgte. Trotzdem ist die Unterredung mit Heidegger gleichsam in eine gereifte Form übergegangen: Die Habilitationsarbeit hatte sich mit der Frage „Potenz und Akt" beschäftigen wollen, d.h. mit einer Edith Stein beständig reizenden Verknüpfung der Philosophie von Husserl und Thomas von Aquin. In diese Arbeit gehen jedoch bereits Anstöße und Auseinandersetzungen mit ein, die Heidegger in das Zeitgespräch gebracht hatte. Als Edith Stein 1936

---

[1] Brief an Geheimrat Heinrich Finke vom 26. 1. 1931 aus Speyer, zit. nach Waltraut Herbstrith (Hg.), Edith Stein, Aus der Tiefe leben. Ausgewählte Texte zu Fragen der Zeit, München 1988, 86f.

ihre unvollendete Skizze im Karmel zu dem großen Werk „Endliches und ewiges Sein" ausarbeitete, gab sie ihm den fast herausfordernden Untertitel: „Versuch eines Aufstiegs zum Sinn des Seins". Damit griff sie die Grundfrage von „Sein und Zeit" (1928) auf, das sie „bald nach dem Erscheinen gelesen und davon einen starken Eindruck erhalten (habe), ohne aber damals zu einer sachlichen Auseinandersetzung kommen zu können"[1].

In diesem Hauptwerk läuft ständig zwischen den Zeilen die Auseinandersetzung mit Heideggers Seins-Lehre mit, bis sie am Ende der Arbeit ausdrücklich wird. Der Anhang entwirft eine Kritik der vier Arbeiten Heideggers über „Sein und Zeit", „Kant und das Problem der Metaphysik", „Vom Wesen des Grundes" und „Was ist Metaphysik?". Unter der Überschrift „Martin Heideggers Existentialphilosophie" wurde diese eingehende Kritik erst 1962, getrennt vom „Endlichen und ewigen Sein", herausgegeben[2].

Um den Ansatz Edith Steins zu würdigen, was bisher bezeichnenderweise nicht geschehen ist, ist eine gewisse Vertiefung in ihren Grundansatz nötig. Im „Endlichen und ewigen Sein" ist ihre Absicht zweifellos eine auch durch Heidegger selbst in Mißkredit gekommene philosophia perennis, und zwar auf dem Boden der Seinslehre. Da Heidegger diese Seinslehre in ein neues Licht der Betrachtung gerückt hatte, ist die Herausforderung durch Edith Stein beträchtlich, da sie eine als überholt verworfene Ontologie erneut, und zwar mit den von Husserl entwickelten Methoden, zur Diskussion stellt. Zwei Schüler desselben Lehrers also, die sich am selben Thema versuchen und dies von ausdrücklich unterschiedenen Wegen her, jedoch mit einem gleichlautenden Ziel, dem „Sinn des Seins". Es ist erstaunlich, wie wenig diese Herausforderung Heideggers durch eine zeitgenössische Philosophie bisher in den Blick geriet, ja in der Regel nicht einmal bewußt ist. Dasselbe gilt für einen ähnlichen, wenn auch schmaleren Versuch von Hedwig Conrad-Martius, die 1934 einen kaum rezipierten

---

[1] Endliches und ewiges Sein. Versuch eines Aufstiegs zum Sinn des Seins. Werke II, Freiburg 1986, Vorwort XVI.
[2] In: Welt und Person. Beitrag zum christlichen Wahrheitsstreben, Louvain/Freiburg 1962, Werke VI, 69–135.

Beitrag veröffentlichte: „Existenzielle Tiefe und Untiefe von Dasein und Ich"[1].

Das Vorwort von „Endliches und ewiges Sein" skizziert die Ausgangsfrage. Die griechische Suche nach dem Sein als dem „Beherrschenden" ist im mittelalterlichen Denken übernommen und erweitert worden: unter Sein wird Natürliches wie Übernatürliches zur philosophischen Darstellung gebracht. Edith Stein faßt hier christliches mit jüdischem und islamischem Denken unter demselben genus ontologischer Theologie zusammen. Der Bruch mit der Ontologie geschah in voller Schärfe durch die Neuzeit, welche die Erkenntnis als Hauptfrage der Philosophie bestimmte und ihr die Gottesfrage entschieden nachordnete. Denn bei der Erkenntnisdebatte war ein Rückgreifen auf Offenbarung unnötig, da sie von einer rein anthropologischen Selbstvergewisserung ausgehen konnte. Ebendies ließ die katholische Schulphilosophie methodisch unsicher zurück, die gleichsam „trotzdem" von ihrer Vorentscheidung her die Offenbarungswahrheiten mitreflektierte, aber den Anschluß an die zeitgenössische Fragestellung nicht bruchlos, sondern eher defensiv weitergeben konnte. Im Grunde genommen erweckte sie den Eindruck eines Dogmatismus, der „als toter Besitz von Geschlecht zu Geschlecht weitergegeben wurde"[2]. Edith Stein sieht in der zeitgenössischen Philosophie ein epochales Neubeginnen, das die beiden bisher voneinander unabhängigen, ja gegenläufigen Fragestellungen nach dem Sein wie nach der Erkenntnis erstmals wieder zusammenschließt, und zwar in neuer methodischer Klarheit. Dabei gibt sie eine knappste Charakteristik ihrer Zeitgenossen, die zugleich ihre eigenen Quellen und Denkhilfen darstellen: „Sie brachten den verachteten alten Namen Ontologie wieder zu Ehren. Sie kam zuerst als Wesensphilosophie (die Phänomenologie Husserls und Schelers), dann stellte sich ihr die Existenzphilosophie Heideggers zur Seite und Hedwig Conrad-Martius' Seinslehre als deren Gegenpol"[3]. Bedeutsam ist, daß Husserl und

---
[1] In: Die Schildgenossen 14 (1934/35), 174–186.
[2] Endliches und ewiges Sein, Vorwort.
[3] Ebd.

Scheler gleichsam als Vertreter und Erneuerer der Wesenserkenntnis, Conrad-Martius als Vertreterin der Ontologie, Heidegger aber als eine Art Mitte zwischen diesen Polen angenommen wird. Edith Steins eigener Ansatz versucht in wirklicher Kühnheit (kühn wegen des riesigen Umfangs, aber auch der erforderlichen Qualität der Fragestellung), diese „neugeborene Philosophie des 20. Jahrhunderts" und die christliche Philosophie des Mittelalters soweit möglich aufeinander zu übersetzen.

Der Ausdruck Übersetzung trifft recht genau ihre Intention, eine Sprache zu finden, d.h. ein Medium der Übertragbarkeit, „in der sie sich verständigen können"[1].

Es kann im folgenden keineswegs ausführlich beantwortet werden, ob dieser Versuch heute als gelungen oder wenigstens als annähernd hilfreich bezeichnet werden kann; dazu fehlt es in jeder Weise an wissenschaftlichen Analysen durch die Sekundärliteratur. In der Form von Hinweisen sei aber auf einige entscheidende Denkvorgänge eingegangen, in denen sich die Vermittlung vollzieht. In den acht Teilen des Werkes behandelt der erste die Frage nach dem Sein, der dritte den Unterschied von Wesen und wirklichem Sein, der sechste den Sinn des Seins, der achte Sinn und Begründung des Einzelseins. In diesen Punkten gerät Edith Stein durchaus absichtlich in die fordernde Nähe zu Heideggers Vordenken. Ihre Methode ist dabei deutlich vom thomasischen Denkansatz getragen, was den Versuch in sich selber kompliziert, da sie während der Ausarbeitung bezeichnenderweise immer deutlicher in die Nähe von Augustinus gerät, also das Existenzdenken des Augustinus ihren Zwecken dienlicher wird, als ursprünglich vorgesehen. An einer bisher nicht bekannten Stelle bemerkt sie dazu: „Obwohl es von Thomas ausging, ist es doch stark augustinisch geworden"[2]. Im Umkreis des Augustinus wird Edith Stein entschieden die thomasische Ontologie an der Personlehre orientieren und von der Personlehre her die Theologie entfalten; von dieser ausgehend aber auch die Schöpfung und insbesondere den Menschen vom Gedanken des Personalen her

---
[1] Endliches und ewiges Sein, Vorwort.
[2] Brief an Pater Henri Boelaars vom 21.5.1941 aus Echt; zit. nach W. Herbstrith, aaO 95.

durchbilden. Schon in der Darstellung der mittelalterlichen Ontologie also wird diese selbst im Hinblick auf eine fast moderne Fassung des Personalismus interpretiert. Im Grunde genommen ließe sich schon von diesem dynamischen Entwickeln des Ausgangsgedankens her sagen, daß Edith Stein wenigstens im Gesamtduktus die Ontologie gleichsam unter den Vorzeichen des Zwanzigsten Jahrhunderts gelesen habe – wohl mehr, als ihr zu Beginn ihrer Arbeit vorschwebte. Es ist wohl nicht zu vergewaltigend formuliert, daß Husserl in einem letzten Sinne bei Edith Stein doch über Thomas gesiegt habe.

Die schärfste und konzentrierteste Auseinandersetzung mit Heidegger bemüht sich zugleich um Fairness: In „Heideggers Existential-Philosophie", dem erwähnten Anhang zum Hauptwerk, gibt Edith Stein vor der Besprechung der vier Heidegger-Texte jeweils eine redliche Zusammenfassung, die übrigens in sich selbst ein Musterbeispiel einfühlenden Verstehens ist. Zu „Sein und Zeit" von 1928 sind folgende Einwände in einer „Stellungnahme" formuliert:

1. Bei Heidegger ist das Wesen des Menschen gleich seiner Existenz. Dieser Zusammenfall von Wesen und Sein kann aber in Wirklichkeit keine „Entwicklung", kein „Werden" des menschlichen Wesens mehr erlauben, das in sich selbst nicht mehr dynamisch, sondern eben schlechthin daseiend aufgefaßt wird. Edith Stein notiert hier zum ersten Mal die beträchtliche Nähe des menschlichen Seins zum göttlichen Sein bei Heidegger, der bisherige theologische Qualitäten zu anthropologischen Qualitäten umgeschrieben habe.

2. Große Aufmerksamkeit widmet sie dem Ausfall des Leiblichen und des Seelischen in der Daseinsbeschreibung Heideggers. Bezeichnenderweise ersetzt der Ausdruck Dasein den Ausdruck Mensch, über dessen konkrete Befindlichkeit in Leib und Seele nicht reflektiert wird, (was Heidegger sicherlich einräumen würde). Wenn aber schon gesprochen wird von In-der-Welt-Sein, wäre doch gerade darin die Frage enthalten, womit der Mensch überhaupt in der Welt ist, also das Medium seiner Existenz. Daß diese Frage ausgespart, genauer gesagt unterlaufen wird, gehört zu

den hier noch nicht zu bewertenden Absichten Heideggers.

3. Die Grundbestimmungen des Daseins enthalten das Element des Geworfenseins. Edith Stein markiert – wie es vielfach geschieht – die von selbst andrängende Frage, wer das Geworfene wirft. Wird die Frage vermieden, so wird wohl einfach die Konsequenz gescheut, den Werfer und seinen Wurf näher ins Auge zu fassen, d.h. die Theologie in die Begründung aufzunehmen.

4. Als meisterhaft charakterisiert Edith Stein die Herausarbeitung von alltäglichem und eigentümlichem Sein, von Verfall zum Man und Existential des Selbst. Zugleich ist die Unterscheidung in sich einseitig: sie entspricht nicht dem Gesamtphänomen. Denn das Alltägliche und das Man können nicht einfach als Verfall gelten, solange nicht das Mitsein, die Gemeinschaft als positives Phänomen zur Darstellung gebracht ist. Ebenso wird das eigentliche Dasein und das Selbst nur auf den Einzelnen bezogen, was in sich nicht schlüssig ist. Mit einem Wort: Heidegger ist nicht in der Lage, Gemeinschaft zu denken, es sei denn als Verfallsform des Einzelnen. Edith Stein kennt aber durchaus den Begriff der personalen Gemeinschaft, also der echten Beziehung.

5. Dasein ist bei Heidegger in seiner uneigentlichen Verfallsform, welche der Normalzustand ist, schlechthin Verfallenheit. Es stellt sich die analoge Frage, ob die Verfallenheit nicht einen Fall voraussetze, und zwar nicht notwendig geschichtlich gefaßt, sondern im Sinne des nicht innerhalb der Zeit sich ausdrückenden Ereignisses. Wenn dieser Zusammenhang wiederum nicht thematisiert wird, ist bereits das Verhältnis von Zeit zu Zeitlosigkeit, von gegenwärtiger Zuständlichkeit zum Prinzip des Daseins nicht gegeben. Wieder werden Folgerungen vermieden, die sich aus der Wahl der Sprachlichkeit bereits aufdrängen.

6. Das Dasein als ein Vorlaufen in den Tod zu betrachten, bringt zum ersten Mal in Edith Steins Augen nach langer Enthaltsamkeit diese Frage in die philosophische Debatte zurück. Gleichzeitig erhellt sie die Zweideutigkeit, auf deren Grundlage die Frage nicht wirklich bedacht werden kann. Denn einerseits ist bei Heidegger Tod das Ende des Daseins, als Endpunkt verstanden. Andererseits ist Tod Dasein als Sterben, d.h. als gegenwärtig mitlaufender

Vorgang gedacht. Beide Bedeutungen werfen Futur und Gegenwart ineinander, mit der Neigung, die Gegenwart von der Zukunft her nicht nur zu verstehen, sondern mehr noch, sie darin verschwinden zu lassen.

7. Heideggers Rede von der Zeit kennt nicht den an sich naheliegenden Gegenpol der Zeitlosigkeit. Dieser Konzeption wird erneut ausgewichen, obwohl er die Zeitlichkeit bis an diese Grenze vorschiebt: wenn er den Begriff des Zeitpunktes abweist, der zwischen Vergangenheit und Zukunft „steht", vielmehr den Punkt sprengen will durch die besorgende Geschäftigkeit, die sich selbst immer schon voraus ist. Aber dieses Voraussein ist selbst nicht schlechthin zeitlich zu denken, da es sich sonst nicht aus einem Noch-nicht auf ein Jetzt erstrecken könnte. Trotzdem wird Zeitlosigkeit nicht mitkonzipiert. Die Umdeutung der Ewigkeit zur bloß quantitativen Unendlichkeit bei Heidegger unterschreitet seinen eigenen Ansatz und könnte in gewissem Sinne wiederum als Ausflucht gesehen werden, Zeitlosigkeit nicht in ihrer Qualität denken zu müssen.

8. Wenn es eine Sorge um das Dasein gibt, so kann Heidegger nicht verständlich machen, weswegen es nur die Sorge um ein leeres Dasein sein solle, d.h. ein Dasein, dessen Erfüllung schlechthin nicht erwartet werden darf und das zu einem Dasein zum Tode entschlossen ist. Unklar bleibt, weswegen die Zukunft, die Heidegger als die letztlich entscheidende Ekstase der Zeit betrachtet, dem Dasein Sinn zuspricht, wenn dieser Sinn nur in der Erkenntnis der Flüchtigkeit und Nichtigkeit des eigenen Seins und der daraus geborenen Sorge besteht. Weswegen nicht mit demselben Recht die Sorge um ein volles Dasein, um die Seinsweise der Erfüllung als Movens der Existenz? Damit wäre außerdem der Gegenwart ein anderer Wert zugesprochen, da sie die eigentliche Einbruchstelle einer schon teilweise erfahrenen Erfüllung ist, „flüchtiges Aufblitzen des ewigen Lichtes". An dieser Stelle wird Edith Stein in eine seltene, lyrische Ausdrucksweise wechseln: „Dieses Sein ist nicht nur ein sich zeitlich streckendes und damit stets *sich selbst voraus,* der Mensch *verlangt* nach dem immer neuen Beschenktwerden mit dem Sein, um das Ausschöpfen zu

können, was der Augenblick ihm zugleich gibt und nimmt. Was ihm Fülle gibt, das will er nicht lassen, und er möchte ohne Ende und ohne Grenzen *sein,* um es ganz und ohne Ende zu besitzen. Freude ohne Ende, Glück ohne Schatten, Liebe ohne Grenzen, höchst gesteigertes Leben ohne Erschlaffen, kraftvollste Tat, die zugleich vollendete Ruhe und Gelöstheit von allen Spannungen ist – das ist *ewige Seligkeit. Das ist das Sein, um das es dem Menschen in seinem Dasein geht"*[1].

*

Das Vorliegende will nur Hinweischarakter haben: auf einen unausgeschöpften sachlichen Bezug zwischen E. Stein und M. Heidegger. Edith Steins gedanklicher Einsatz ist damit in seiner eigenen Sachlichkeit noch nicht dargestellt. Aber der Hinweis mag zu einer Vertiefung locken: Gibt es bei ihr ein Philosophieren, das argumentativ Heidegger gerecht wird *und dabei* die christliche Theorie begründet zum Denkanstoß nimmt? Gelingt ein plus ultra, nicht als frommer Wunsch, sondern von der Sache her?

---

[1] Heideggers Existentialphilosophie, aaO, 110.

Lina Börsig-Hover
Entwicklung und Ausgestaltung der Frage nach dem Sinn von Sein beim frühen Heidegger

Standortbestimmung Heideggers

Was die wissenschaftliche Philosophie am Ende des 19. Jahrhunderts charakterisiert, ist der Kampf der Richtungen und Schulen, sowie der Versuch, einen Standpunkt gegen einen anderen durchzusetzen. Entscheidend ist, daß anhand eines aufgenommenen traditionellen philosophischen Standpunktes die Dinge wieder mit traditionellen Begriffen behandelt werden. Was fehlt, ist ein wirkliches Vordringen zur Sache. Heidegger sieht das Kriterium einer wissenschaftlichen Philosophie deshalb im Vordringen zu neuen Sachgebieten, um sie dann durch eine produktive Begriffsbildung zum Besitz der Wissenschaft zu machen [1].

Allen Richtungen am Ende des 19. Jahrhunderts ist gemeinsam als Thema das Bewußtsein, das einen ausdrücklichen Zusammenhang mit Descartes aufweist. Durch ihn wird das Problem des Bewußtseins, der res cogitans, zum Grundproblem der Philosophie bestimmt. Seit 1840 verbindet sich dieser Traditionszweig mit einer Aristoteles-Rezeption, die insbesondere durch Trendelenburg, aus der Opposition zu Hegel und als Aufnahme der geschichtlichen Forschung von Schleiermacher auf dem Gebiet der griechischen Philosophie, erwachsen ist. Hier ist bedeutsam, daß zu Trendelenburgs Schülern Dilthey und Brentano gehören. Brentanos Habilitationsthese, daß die Philosophie in ihrem Felde genau so verfahren hat wie die Naturwissenschaft, d.h. die Philosophie ihre Begriffe aus ihren Sachen selbst zu holen habe, ist die Proklamierung der Ausschaltung der naturwissenschaftlichen Methodik innerhalb der Philosophie und die Forderung, so wie die Naturwissenschaft in ihrem Felde solle auch die Philosophie –

[1] Vgl. *Martin Heidegger,* Prolegomena zur Geschichte des Zeitbegriffs, 1979, 21.

unter grundsätzlicher Rücksichtnahme auf die Art der betreffenden Sache – verfahren. Im ersten Buch der Psychologie unterscheidet Brentano physische und psychische Phänomene, wobei sich die psychischen Phänomene von den physischen dadurch unterscheiden, daß ihnen etwas Gegenständliches innewohnt. Damit hat Brentano die Grundstruktur des Psychischen entdeckt, die sich dadurch auszeichnet, daß jedem Erlebnis etwas Gegenständliches innewohnt, und er bezeichnet diese Gegebenheit als „intentionale Inexistenz"[1]. Eine weitere Grundthese Brentanos lautet, daß jedes psychische Phänomen entweder selbst Vorstellung ist, oder es Vorstellungen zur Grundlage hat. Dieses Vorstellen bildet nicht bloß die Grundlage des Urteilens, sondern ebenso des Begehrens, wie auch jedes anderen psychischen Aktes[2]. Das eigentlich Entscheidende an der Ausbildung der Brentanoschen Fragestellung ist darin zu sehen, daß er der Lehrer Husserls wurde, des Begründers der phänomenologischen Forschung, und dieser selbst wiederum nachhaltig Martin Heidegger geprägt hat.

Heideggers frühe Freiburger und die ersten Marburger Vorlesungen sind von besonderer Bedeutung, weil sie Einblick in seinen Denkweg in dem Jahrzehnt zwischen seiner Habilitation (1916) und dem Erscheinen von „Sein und Zeit" (1926) geben. In diesen Jahren hat er so gut wie nichts publiziert, aber in den Vorlesungen hat er versucht, eine neue Richtung des Denkens zu entwickeln, die dann in seinem Hauptwerk „Sein und Zeit" ihre fragmentarisch gebliebene Ausformung findet. Es ist die „Hermeneutik der Faktizität", d.h. die Selbstauslegung des Subjekts als Dasein, In-der-Welt-Sein, als Sorge, die das Thema bildet[3]. Der gesamte Ansatz Heideggers ist nicht zu denken, ohne insbesondere das „Cogito ergo sum" Descartes' mitzudenken sowie seine Substanzialitätenlehre von res extensa und res cogitans, die nachhaltig auch Kant beeinflußte und der Heidegger wiederum sein Kant-Buch widmet. Heidegger setzt sich also mit dem neuzeitlichen Erbe der Subjekt-Objekt-Problematik auseinander, in dem

---

[1] Intentio ist ein Ausdruck der Scholastik und besagt so viel wie: sich richten auf.
[2] Vgl. *Franz Brentano:* Psychologie vom empirischen Standpunkt, 1874, 104.
[3] Vgl. *Martin Heidegger:* Ontologie (Hermeneutik der Faktizität), Bd. 63, Frankfurt 1988.

Sinne, daß er diese gesamte Fragestellung der Tradition überwinden will. Das Mittel der Überwindung findet Heidegger zunächst in Husserls phänomenologischer Methode, bis ihm der Sachverhalt deutlich wird, daß in der Herausarbeitung der Intentionalität als dem thematischen Felde der Phänomenologie die Frage nach dem Sein des Intentionalen unerörtert bleibt. Sie wird im gewonnenen Feld, dem reinen Bewußtsein, gerade von Husserl nicht gestellt, ja geradezu als widersinnig abgelehnt. Die Frage nach dem Sein des Intentionalen wird durch die Reduktion ausdrücklich zurückgestellt, und sie wird da, wo von Seinsbestimmungen Gebrauch gemacht wird, wie in der Ausgangsstellung der Reduktion, ebenfalls nicht ursprünglich gestellt, sondern das Sein der Akte wird von vornherein theoretisch-dogmatisch bestimmt als Sein im Sinne der Realität von Natur. Die Seinsfrage selbst bleibt unerörtert[1].

Als Phänomenologe geht es ihm um die lebendige Auswirkung und Aneignung der phänomenologischen Grundhaltung. Dies heißt für ihn, sich nicht eine überlieferte Meinung und Vorstellung von objektiver Erkenntnismöglichkeit vorgeben zu lassen und sich darin ungeklärt und unbesonnen zu bewegen sowie damit zu argumentieren, sondern in der Aufgeschlossenheit für das aus dem Vollzug kommende philosophische Fragen selbst und der darin intendierten Gegenständlichkeit sich den Sinn der Gegenständlichkeit „zuspringen" zu lassen[2]. Obwohl er selbst in einer Tradition steht und seine Fragestellung der Tradition verdankt, sieht er die Notwendigkeit gegeben, die ganze Tradition abzubauen. Dadurch ist für ihn erst eine ursprüngliche Problemstellung möglich und er hofft, daß dieser Rückgang die Philosophie wieder vor die entscheidenden Zusammenhänge stellt[3]. Dies ist nur möglich durch eine grundsätzliche historische Kritik, die nach Heidegger Grundaufgabe der Philosophie selbst ist. Unter Rückgang versteht Heidegger die Hinwendung zur grie-

---

[1] Vgl. *Martin Heidegger:* Prolegomena zur Geschichte des Zeitbegriffs, Bd. 20, Frankfurt, 1979, 157.
[2] Vgl. ders.: Phänomenologische Interpretationen zu Aristoteles, Bd. 61, Frankfurt 1985, 166f.
[3] Vgl. ders.: Ontologie, Bd. 63, Frankfurt 1988, 75.

chischen Philosophie, zu Aristoteles, um zu sehen, wie ein bestimmtes Ursprüngliches zu Abfall und Verdeckung kommt. Zugleich wird dadurch auch bewußt, daß die Philosophie und gleichzeitig der Mensch selbst in diesem Abfall stehen.

Heidegger sieht also die Notwendigkeit, die Fragestellung der Philosophie neu anzugehen, mehr noch, sich die Fragestellung geben lassen. Philosophie selbst soll zum eigentlichen konkreten Gegenstand führen. Damit wendet er sich gegen die Verkümmerung der Zugangsbereitschaft zu ihrem Gegenstand. Es ist nicht damit getan, sich mit der Philosophie als einem Objekt abzugeben und Meinungen darüber sowie die Geschichte der Meinungen zu besprechen. Gerade weil der Zugangs- und Aneignungsvollzug im Hinblick auf den Gegenstand das Hauptstück der Philosophie ausmacht, bedarf es nach Heidegger schon im Ansatz einer entsprechenden formalen Anzeige des Gegenstandes. Das Anzeigeverstehen muß selbst schon im Ansatz und also damit im Duktus des Philosophierens grundgelegt sein. Dies bedeutet formal das verstehende Haben des Seinssinnes von Seiendem [1]. Im Gegenstand selbst ist schon ein formaler Sinn, ein Prinzip vorgegeben, das eine eigentümliche dirigierende Bindungsfunktion hat. Die Richtung der verstehenden Aneignung ist somit vorgezeichnet.

Mit diesem neuen Zugang zum philosophischen Gegenstand ist zugleich das Verhältnis von Erfahrung und Denken angesprochen. Diesem Problemkreis widmet Heidegger seinen ersten Aufsatz „Das Realitätenproblem in der modernen Philosophie" (1912)[2]. Darin entwickelt er die These, daß das Denken sich nach seinen Gegenständen richtet[3]. Somit sind die Gesetze des Denkens die Gesetze seiner Gegenstände. Hier wird ersichtlich, daß Heidegger wirklich im Begriff ist, die Wende hin zu den Sachen schon von Anfang an zu vollziehen. Damit stellt er sich gegen Kant und die von ihm eingeleitete kopernikanische Revolution, die für Heidegger nicht für das Denken gilt. Nach Kant richten sich nämlich die Gegenstände nach dem Denken. Richten sich die

[1] Vgl. *Martin Heidegger,* Phänomenologische Interpretationen zu Aristoteles, Bd. 61, Frankfurt 1985, 113 f.
[2] In: Philosophisches Jahrbuch 25, 1912, 353–363.
[3] Vgl. ebda., 360.

Gegenstände nach dem Denken, so ist das Außen nichts anderes als eine Projektion des Bewußtseins. Heidegger dagegen sieht in den Gegenständen selbst schon einen Seinssinn vorgegeben. Dies bindet das Denken an den im Seienden erkannten Seinssinn. Also hat sich gemäß Heidegger das Denken nach den Gegenständen zu richten.

Dieser gesamte Anfangsentwurf Heideggers wird getragen von dem, was er als das eigentliche Fundament der Philosophie ansieht: das radikale existentielle Ergreifen und die Zeitigung der Fraglichkeit [1]: Hier geht es darum, sich und das Leben und die entscheidenden Vollzüge in die Fraglichkeit zu stellen und nichts für selbstverständlich zu nehmen. Dies ist für ihn die radikalste Erhellung. Es geht nicht darum, irgendwelche Gegenstände herbeizuziehen, sondern Heidegger will vom Leben her den Zugang zum Gegenstand. Er sieht sich in die absolute Fragwürdigkeit hineingestoßen und sie sehend haben, das heißt für ihn, Philosophie eigentlich zu ergreifen. Das, was sich dann zeigt, liegt wiederum allein im Ergreifen der Fragwürdigkeit, d.h. in der radikalen Zeitigung des Fragens [2]. Mit diesem Philosophieverständnis ist ein Zweifaches ausgesagt: zum einen können von Heidegger keine Antworten erwartet werden, sondern seine Philosophie ist ein Fragen; aus einer Frage entwickelt sich die nächste. Zum anderen verfolgt das Fragen nichts anderes, als sich radikal in die Entscheidung zu bringen. Heidegger spricht in diesem Zusammenhang von einer wirklichen Leidenschaft und sieht darin den einzigen Weg des Philosophierens, den man leider längst nicht mehr kennt. Hierzu vermerkt er: „Man vermeint, etwas getan zu haben, wenn man sich die Welt ‚tief' vorstellt und ausdenkt und sich zu diesem Götzen in ein Verhältnis bringt"[3]. Für Heidegger muß Philosophie sein und zwar insofern, als Leben Existenz sein soll. Es ist faktisch da, das Leben, und die Flucht in die Welt, weg vom Gegenstand, ist ebenso vorhanden. Den positiven Sinn der Reduktion Husserls sieht Heidegger darin, daß er diese Flucht in die Welt

---

[1] Vgl. *Martin Heidegger:* Phänomenologische Interpretationen zu Aristoteles, 35.
[2] Vgl. ebda., 37.
[3] Ebda., 37.

nicht mitmacht. Für Heidegger bleibt nur der eine Weg: „nachsehen", was ein Problem der Interpretation ist und in der Philosophie sein. Wenn Leben Existenz ist und damit Philosophie sein kann, dann läßt sich diese Frage nach der Existenz weder doktrinär lösen noch so, daß man sich auf Kronzeugen beruft, sondern sie läßt sich alleine unter Einbeziehung der Faktizität, des Bodens, durchführen, und vor allem gilt es, diese Frage radikal zu verstehen [1].

Nach Hannah Arendt ist Heideggers Ruhm allein auf diese Entwicklung der frühen, radikalen Fragestellung nach dem, was Philosophie ist, zurückzuführen. Diese radikale Hinwendung zum Leben, zur Existenz, zum Seinssinn des Gegenstandes liegt schon vor der Veröffentlichung von „Sein und Zeit" im Jahre 1927 [2]. Heidegger besaß die Fähigkeit, zwischen gelehrtem Gegenstand und einer gedachten Sache zu unterscheiden. Er erreichte das, was Husserl mit „Zurück zu den Sachen" proklamiert hatte, indem er wußte, daß sie keine akademische Angelegenheit sind, sondern das Anliegen von denkenden Menschen, und zwar nicht erst seit gestern und heute, sondern seit eh und je, und der, gerade weil ihm der Faden der Tradition gerissen ist, die Vergangenheit neu entdeckt. Mit Heidegger ist das Denken wieder lebendig geworden und gleichzeitig damit die Möglichkeit, es wieder zu lernen.

Ablehnung des traditionellen „Ich-bin"-Ansatzes Descartes'

Die Frage nach dem Seinssinn des jeweiligen eigenen konkreten Lebens kann formal-anzeigend als die Frage nach dem Sinn des „ich bin" gefaßt werden [3]. Nach traditioneller Vorgabe wird das Gewicht der Frage nach dem „ich bin" unmotiviert zunächst auf das „ich" gelegt, wobei dieser Ich-sinn wesentlich unbestimmt

[1] Vgl. *Martin Heidegger:* Phänomenologische Interpretationen zu Aristoteles, 35.
[2] Vgl. *Hannah Arendt:* Martin Heidegger zum 80. Geburtstag, in: Merkur, 10, 1969, 893-902.
[3] Vgl. *Martin Heidegger:* Phänomenologische Interpretationen zu Aristoteles, Bd. 61, Frankfurt 1985, 172.

bleibt. Heidegger dagegen sieht die Notwendigkeit gegeben, das Gewicht auf den Sinn des „bin" zu legen. Wird unbedacht sofort nach dem „ich" gegriffen – wie es in der Ich-Metaphysik und im Idealismus geschieht –, dann kann die Frage nach dem Sinn des „bin" überhaupt nicht aufkommen. Für Heidegger stellt sich die Aufgabe, dem Sinn des „sum" im „cogito-sum" Descartes' in ursprünglicher Problematik und in ursprünglicher Gewinnung der interpretativen Kategorien nachzugehen[1].

Wie für Heidegger ist für Descartes das „sum" das erste, jedoch bleibt Descartes nicht dabei stehen, sondern legt den Seinssinn in einem Vorgriff in das Unbezweifelbare. Heidegger dagegen sieht die Frage nach dem Seinssinn schon im „sum" angezeigt. Daß Descartes in eine erkenntnistheoretische Fragestellung abbiegen konnte, ist für Heidegger der Ausdruck dafür, daß ihm das „sum", dessen Sein und seine kategoriale Struktur, in keiner Weise problematisch erschien. Die Bedeutung des Wortes „sum" bleibt bei Descartes in Bezug auf das ego in einem indifferenten, auf es nicht bezogenen, unkritischen und ungeklärten Sinn. Im eigentlichen Seinscharakter des „ich bin" ist das „bin" entscheidend und nicht das „ich". Dies bedeutet für Heidegger, daß es grundsätzlich auf dieses „bin" ankommt, obwohl das „ich" irgendwie auch vorhanden ist. Bei Descartes vermißt er, daß er – obwohl er dem „ich" eine bedeutende Rolle zuweist – dieses in bezug auf das „ich bin" nicht gesehen hat. Das Entscheidende ist nun, daß Heidegger dem „bin" die Aufmerksamkeit der Reflexion zuwendet. Hier ist sein Ansatz vorgezeichnet: das Leben zur Aufweisung zu bringen[2].

Bei Heidegger handelt es sich bei dem Ansatz des „ich bin" als Orientierung der kategorialen Interpretation nicht um eine Zentrierung der philosophischen Problematik im „Ichproblem" sowie in irgendeiner seiner möglichen Ableitungen. Ebensowenig geht es ihm um das Problem, ob die Welt aus dem Ich, das Objekt aus dem Subjekt erklärt werden soll, oder umgekehrt. Zur Diskussion steht auch nicht die Entscheidung, ob das Weltwirken dem per-

---

[1] Vgl. *Martin Heidegger:* Phänomenologische Interpretationen zu Aristoteles, Bd. 61, Frankfurt 1985, 173.
[2] Vgl. ebda., 174.

sonalen Interesse vorgehen soll oder umgekehrt. Es geht ihm allein um dieses „bin", darum, das Leben zur Aufweisung zu bringen, unabhängig vom „ich". Natürlich weiß er, daß dieses „ich" nicht ausgeschlossen werden kann im „bin", dennoch versucht er, das Gewicht seiner Reflexion auf das „bin" zu legen.

Die formale Anzeige des „ich bin" wird für die Seinssinnproblematik von Leben in der Weise methodisch wirksam, daß sie sich als das konkret historische Fragen nach dem „bin ich?" zeigt. Darin liegt der Fraglichkeitscharakter – Heidegger spricht hier auch von „Unruhe" – des faktischen Lebens. Das „ich" innerhalb der konkret historischen Frage „bin ich?" ist lediglich im Sinne des Hinzeigens des jeweils konkreten faktischen Lebens in seiner konkreten Welt, in seiner geistesgeschichtlich-historischen Lage und Situationsmöglichkeit zu sehen [1]. Das „ich" ist hier für Heidegger das Verweiskriterium für „konkrete Situation". Er versteht es nicht im Sinne einer existentiellen Größe, für die das „ich" konstitutiv für die Qualität der Situation ist. Nochmals: Für Heidegger liegt der Schwerpunkt seiner Reflexion auf dem „bin". Das „ich" versteht er als Hinweis auf „mein" konkretes faktisches Leben in seiner konkreten Welt. Die Bedeutung der Frage „bin ich?" liegt nun darin, daß sich im konkreten faktischen Fragevollzug der Sinn des „bin" zur Erfahrung bringen läßt. Heideggers Ausgangspunkt der Seinssinnproblematik liegt in dieser konkreten faktischen Sicht des „bin". Er versucht den Sinn von Sein innerhalb des konkret faktischen „bin" zu ermitteln. Von hier aus läßt sich dann auch verstehen, weshalb er der Korrelation von Sein und Zeit eine große und ausschlaggebende Bedeutung beigemessen hat: Der Seinssinn des „bin" läßt sich innerhalb der Zeit ausmachen, aber nicht so, daß er schlechtweg, direkt, einfach und ein für allemal begegnet, wie eine feststellbare Ordnungsbeziehung zwischen Objekten. Heidegger geht es um die Frage nach dem Sein, darum, was dieses besagen soll, unter der Voraussetzung des „hier", im Umkreis des Erfahrens und Habens von faktischem Leben. Die Frage nach dem Sinn von Sein im „hier" faßt er noch

---

[1] Vgl. *Martin Heidegger:* Phänomenologische Interpretationen zu Aristoteles, Bd. 61, Frankfurt 1985, 174 f.

differenzierter: was es mit dem „bin" sinnmäßig für eine Bewandtnis habe [1].

Das Eigentümliche des Fragevollzuges des „bin ich?" liegt darin, daß weder mit „ja" noch mit „nein" geantwortet werden kann, sondern vielmehr aus dieser faktischen Frage ein neues Fragen nach dem, was „hier" im Umkreis des Erfahrens Sein besagen soll, d.h. was das „bin" sinnmäßig bedeutet, erwächst. Die formalanzeigende Frage „bin ich?" ist somit nur so vollziehbar, daß sie die andere Frage zeitigt, die Frage nach dem „bin" im „hier". Dies bedeutet, daß das Gegenständliche und sein Seinssinn nicht einfach konstatierbar sind, daß die Seinsbestimmtheit von Leben nicht in einer freischwebenden und beliebig zu vollziehenden Objekterkenntnis erfaßbar ist. Das Befragte und das Gefragte sowie die Rückbeziehung dieses Fragens auf das Gefragte liegen im Sinne dieser Explizierung.

Seinssinn des „bin"

Es handelt sich um eine Gegenständlichkeit, die erst durch das Fragen jeweils konkret zur Begegnung zu bringen ist. Der Fragevollzug des „bin ich?" ist um so konkreter und methodisch strenger, je mehr er sich die Bewegtheit des faktischen Lebens zueignen kann. Damit tendiert die Interpretation der Bewegtheitsphänomene des Lebens darauf, eine Möglichkeit von Grunderfahrungen erst auszubilden, innerhalb derer sich faktisches Leben als Leben begegnen kann. In der jeweils konkreten Situation ist dann so etwas möglich, wie den Seinssinn von Leben kategorial zu interpretieren.

Der Seinssinn des „bin" bildet sich selbst aus, er erschließt sich selbst, und zwar in seiner genuinen Situation und Zeitlichkeit sowie in seiner Faktizität. Dies bedeutet, daß sich das faktische Leben allererst selbst ausbildet und, indem es sich selbst ausbildet, sichtbar wird, daß es in einer ganz eigenen Weise einen Charakter

---

[1] Vgl. *Martin Heidegger:* Phänomenologische Interpretationen zu Aristoteles, Bd. 61, Frankfurt 1985, 175.

der Zeitlichkeit besitzt [1]. Dies bedeutet für Heidegger, daß dieser Zeitcharakter des faktischen Lebens primär dann beteiligt ist, wenn es darum geht, für das faktische Leben einen Seinssinn zu gewinnen. In der Bemühung, den Seinssinn des „bin" zu bestimmen, steht das faktische Leben im Vordergrund der Reflexion. Sogar das faktische Behalten des faktischen Lebens in seiner konkreten Zeitlichkeit gehört zur Grundbemühung der Gegenstandserfassung und Interpretation der kategorialen Strukturen des faktischen Lebens [2].

Der Seinssinn des „bin" oder der Sinn des faktischen Lebens wird durch die spezifische Zeitlichkeit des jeweiligen konkreten faktischen Lebens und den Lebenszusammenhang einer Situation mit ausgebildet. Mit der Frage „bin ich?" soll der Gegenstandssinn von Leben zum Problem gemacht werden. Heidegger grenzt sich hier jedoch von einer weitschichtigen Lebensphilosophie ab und sieht seinen Ansatz vor aller Lebensphilosophie liegend [3]. Für seine Zielvorstellungen reichen die bisherigen Begriffsschemata und Objektivitätsideale nicht aus, sondern sind unangemessen. Ihm geht es nicht um theoretische Begründungszusammenhänge, sondern um einen Vollzugs-Zusammenhang. In seiner Grundfrage geht es ihm um das Wie des Vollzuges von Leben, und zwar so, wie es sich in der konkreten Situation, und damit in der Zeit und in der Alltäglichkeit zeigt.

Hinter der Ablehnung des traditionellen Ansatzes von Descartes steht für Heidegger die Frage nach dem Leben und seinem Seinssinn. Das „bin", das er im Gegensatz zu Descartes als bedeutsame Größe ansieht und ihm zum Punkt seiner Reflexion wird, ist nichts anderes als das faktische Leben selbst. Es hat nichts mit einer qualitativen Größe zu tun und mit einer sich verändernden Konstante, um die sich der Vollzug des Lebens organisiert. Heidegger wollte ja gerade eine Subjektphilosophie überwinden, da

---

[1] Vgl. *Martin Heidegger:* Phänomenologische Interpretationen zu Aristoteles, Bd. 61, Frankfurt 1985, 176.
[2] Vgl. ebda., 178.
[3] Vgl. ebda., 179; nähere Erläuterungen zum Verhältnis von Lebensphilosophie und Existenzphilosophie finden sich bei *Theodor Steinbüchel:* Existenzialismus und Christliches Ethos, Heidelberg 1948, 13 ff.

sie nicht das konkrete Leben sieht, sondern sich in unwirklichen Abstraktionen aufhält. Andererseits ist jedoch zu bedenken, daß es den reinen Vollzug des Lebens an sich nicht gibt. Er wäre wiederum eine unwirkliche Abstraktion und ein Gegenstück zur Subjektphilosophie. Der Lebensvollzug auch in der Zeit und in seiner Konkretheit bezieht sich immer auf jemanden, auf etwas, was nicht vom „bin" getrennt werden kann. Wird der Seinssinn des „bin" vom „ich bin" getrennt, besteht wiederum die Gefahr der unwirklichen Abstraktion. Folglich kann das „bin" nicht abgelöst vom „ich bin" betrachtet werden.

Das „bin" selbst ist noch etwas anderes als das Leben in seiner Faktizität. Diese gehört dazu, dennoch umfaßt sie nicht das Gesamt dessen, was das „bin" mitimpliziert. Heidegger spricht es an, wenn er nach dem Sinn des „bin" und insbesondere, wenn er nach dessen Seinssinn fragt. Das „bin" ist eine Erscheinungsweise des Seins, und zwar des konkreten Seins, das sich in der Zeit und in der Situation zeigt, aber nicht durch diese beiden bedingt ist. Heidegger setzt dagegen die Zeit und die konkrete Situation als grundlegende Bestimmungsgröße für das „bin" an. Die Folge ist, daß die Erscheinungsweisen des Seins, die sich als „bin" zeigen, nicht als solche gesehen werden, und Heidegger folglich die Faktizität des Lebens mit dem „bin" gleichschalten muß. Er differenziert nicht zwischen der Erscheinungsweise des Seins in der Zeit und in der Situation, die sich als Faktizität des konkreten Lebens zeigt. Wie in seiner Ausgangsfragestellung ist das „bin" eine grundlegende Größe innerhalb des „ich bin", da es vorwiegend auf die Seinsweise aufmerksam macht, die sich in der Zeit und in einer konkreten Situation zeigt, d. h. in der Faktizität des Lebens.

Zusammenhang von Seinsfrage und fragendem Seienden (Dasein)

Heidegger nennt das Seiende, das der Fragende selbst ist, das Dasein [1]. Es geht um ein Seiendes, zu dem ein ausgezeichnetes, merkwürdiges Seinsverhältnis besteht in dem Sinne, daß der Fragende nach dem „bin ich?" dieses Seiende je selbst ist. Dabei handelt es sich um ein Seiendes, das je das Nächste ist, nicht jedoch das Nächstgegebene. Dieses Seiende nun, das der Fragende selbst ist und das unter dem Aspekt des Gegebenseins das Fernste ist, soll nach Heidegger so erfahren werden, daß es sich an ihm selbst zeigt. Aus dieser phänomenalen Gegebenheit des Daseins können dann gewisse Grundstrukturen herausgeholt werden, die hinreichend sind, um die konkrete Frage nach dem Sein zu vollziehen.

Das Dasein, das der Fragende je selbst ist, zeichnet sich dadurch aus, daß der Fragende als Seiendes an dessen Sein beteiligt ist. Es ist ein Seiendes, das ist, und zwar auf seine Weise. Diese Bestimmung zeigt das ausgezeichnete Seinsverhältnis an, das zu diesem Seienden unterhalten wird: nämlich es selbst zu sein. Dieses Seinsverhältnis zu dem Seienden, das der Fragende je selbst ist, charakterisiert dieses „Zu-sein" als das „je seine" [2]. Deshalb ist der Fundamentalcharakter des Daseins nach Heidegger erst in der Bestimmung dessen gefaßt, daß das Seiende ist im „Jeweilig-es-zu-sein". Diese Struktur ist für jeden Seinscharakter dieses Seienden konstitutiv in dem Sinne, daß nicht von Dasein gesprochen werden kann, wenn das Dasein nicht seinem Sinne nach „jeweiliges" wäre. Dieser Charakter gehört unstreichbar zum Dasein, sofern es ist. Mit diesem Fundamentalcharakter des Daseins – daß der Fragende es ist im „Es-je-zu-sein" – ist für Heidegger zugleich die Ausgangs- und Endbestimmung des Daseins gewonnen. Dabei ist die Endbestimmung diejenige Bestimmung, zu der jede Seinsanalyse wieder zurückkehrt. Dies bedeutet nichts anderes,

---

[1] Vgl. *Martin Heidegger:* Prolegomena zur Geschichte des Zeitbegriffs, Bd. 20, Frankfurt 1979, 199 f.
[2] Vgl. ebda., 205 f.

als daß jeder Seinscharakter des Daseins von dieser Fundamentalbestimmung durchherrscht ist. Wenn Heidegger später eine Mannigfaltigkeit von Seinsstrukturen aufweisen wird, so sind sie alle im vorhinein im Lichte dieses Fundamentalcharakters zu sehen [1]. Um Heideggers Daseinsbegriff näher zu fassen, ist wichtig zu wissen, daß es für ihn unwichtig ist, ob dieses Seiende aus Psychischem, Physischem und Spirituellem besteht und wie diese Realitäten zu bestimmen sind [2]. Er stellt sich grundsätzlich außerhalb dieses Erfahrungs- und Fragehorizontes, den die Definition des gebräuchlichsten Namens für dieses Seiende – Mensch: homo animal rationale – vorzeichnet. Zwar mögen nach Heidegger Leib, Seele und Geist das, woraus dieses Seiende besteht, in gewisser Hinsicht markieren, dennoch bleibt die Weise des Seins dieses Seienden von Anfang an unbestimmt. Am wenigsten sieht er die Möglichkeit, daß im nachhinein aus diesem Kompositum die Weise des Seins des Seienden extrahiert werden kann, da mit dieser Bestimmung des Seienden, die in der Charakteristik Leib, Seele und Geist liegt, schon eine ganz andere, dem Dasein eigentlich fremdartige Seinsdimension angesprochen ist. Hier wird deutlich, daß es Heidegger um das Sein des Seienden geht, das der Fragende je selbst ist, und zwar in der Weise, wie sie vom „bin ich?" mit der Hervorhebung des „bin" gilt. Ganz allein und durchgängig soll vom Seienden bestimmt werden, seine Weise zu sein, das Wie seines Seins und die Merkmale dieses Wie.

Heidegger will das Dasein, in seiner Weise zu sein, verstehen und nicht in einer irgendwie betont-exzeptionellen Seinsart, noch unter bestimmter Ziel- und Zwecksetzung, wie er es im Konzept als „homo" oder im Lichte irgendeiner Idee von „Humanität" vorgezeichnet sieht. Im Gegensatz zu diesen Ansätzen zielt Heidegger auf die Freilegung der Weise zu sein in ihrer nächsten Alltäglichkeit. Es geht ihm um das faktische Dasein im Wie seines faktischen „Es-zu-sein" [3]. Das heißt aber nicht, daß er ein bestimmtes Dasein als dieses einzelne in seinem Alltag biogra-

---

[1] Vgl. *Martin Heidegger:* Prolegomena zur Geschichte des Zeitbegriffs, Bd. 20, Frankfurt 1979, 206.
[2] Vgl. ebda., 207.
[3] Vgl. ebda., 207/208.

phisch erzählen will, sondern er sucht die Alltäglichkeit des Alltags, das Faktum in seiner Faktizität. Es geht nicht um das Alltägliche des jeweiligen Daseins, sondern um die Alltäglichkeit der Jeweiligkeit zu sein als Dasein. Der Fundamentalcharakter dieses Seienden, daß es in seinem „es je zu sein" ist, wird festgehalten. Heidegger verwendet im folgenden dafür eine verkürzte Ausdrucksweise: das Dasein in seiner Weise *zu sein,* das Sein des Daseins oder die Verfassung des Seins des Daseins[1]. Hier ist zu beachten, daß Heidegger „das Sein des Daseins" mit „das Dasein in seiner Weise zu sein" gleichsetzt, was jedoch nicht dasselbe ist, da in der ersteren Fassung von der Jeweiligkeit in Zeit und Situation abgesehen wird und in der zweiten Fassung die Jeweiligkeit in Zeit und Situation ausschlaggebend ist. Bedeutsam ist, daß Heidegger im Fortgang der Entwicklung seiner Daseinskonzeption nur noch von Dasein spricht und dabei das „in seiner Weise zu sein" immer voraussetzt. Für die Sache selbst bedeutet es, daß er wirklich auf die Faktizität des Daseins abzielt und diese begrifflich zu fassen versucht.

Wenn Heidegger das Dasein auf seine Alltäglichkeit und sein Sein in ihr analysiert, will er damit nicht gesagt haben, daß er die übrigen Seinsmöglichkeiten des Daseins aus der Alltäglichkeit in dem Sinne ableite, daß erst aus der Alltäglichkeit jede andere Seinsmöglichkeit des Daseins abgeleitet werden könnte[2]. Dennoch ist es sein Ansatz, das Dasein auf seine Alltäglichkeit und sein Sein in ihr zu untersuchen. Er nimmt an, daß ihm die Alltäglichkeit Aufschluß über das Sein des Seienden gibt und legt sich deshalb in gewissem Sinne bezüglich einer Antwort schon im voraus fest. Desweiteren fällt er eine erkenntnistheoretische Vorentscheidung in dem Sinne, daß das Sein des Seienden an Zeit und Situation gebunden ist. Die Alltäglichkeit selbst ist nichts anderes als ein spezifischer Begriff von Zeit. Wird das Hauptaugenmerk innerhalb der Frage nach dem Sein des Seienden zu sehr auf die Alltäglichkeit gelegt in dem Sinne, daß sie ein konstitutives

---

[1] Vgl. *Martin Heidegger:* Prolegomena zur Geschichte des Zeitbegriffs, Bd. 20, Frankfurt 1979, 209.
[2] Vgl. ebda.

Moment für die Seinsfrage darstellt, dann ist das Seinsproblem zu kurzfristig angesetzt. Heidegger sieht es gerechtfertigt aufgrund seiner Frageintention, die auf dem „bin" und nicht auf dem „ich bin" liegt. Wie dort gilt auch bei der Daseinskonzeption Heideggers wiederum die Frage, ob das Sein des Seienden nicht vielmehr etwas ist, was sich innerhalb der Zeit und in einer Situation sowie in der Alltäglichkeit zeigt, jedoch nicht mit diesen Faktoren identisch gesetzt werden kann. Diese sind nur Markierungen, anhand derer sich das Sein des Seienden auf zugängliche Weise vorübergehend feststellen läßt, jedoch immer zugleich mehr und anderes ist. Das Sein des Seienden liegt ja gerade nicht in der Faktizität, sondern diese ist immer versucht, das Sein des Seienden zu verstellen.

Primäre Ganzheit der Seinsverfassung des Daseins: Die Sorge

Im weiteren Verlauf der Interpretation des Daseins in seiner Alltäglichkeit des Seins findet Heidegger die fundamentalen Verfassungen dieses Seienden. Für ihn sind es die Strukturen wie In-der-Welt-sein, In- und Mitsein, das Man, die Entdecktheit, das Verstehen und die Sorge [1]. Später – in "Sein und Zeit" (1927) – entwickelt er weitere Strukturmomente des Daseins wie Angst, Tod, Flucht, Furcht, Neugier, Gerede und Zweideutigkeit. Innerhalb dieser Momente kommt der Sorge eine Vorrangstellung zu, da sie die Verwurzelung der genannten Mannigfaltigkeit von Strukturen zeigt. Die anderen Strukturmomente des Daseins zeichnen sich durch ihre Gleichursprünglichkeit aus. Dadurch gehören sie immer schon mit zum Phänomen der Sorge. Sie sind in ihr auf unabgehobene Weise. Diese Strukturen sind demnach keine beliebigen Hinzukommnisse zu dem, was Heidegger als Sorge bezeichnet, sondern wenn dem Sein des Daseins nachgefragt

---

[1] Vgl. *Martin Heidegger:* Prolegomena zur Geschichte des Zeitbegriffs, Bd. 20, Frankfurt 1979, 421.

wird, so wird das Dasein immer schon in der Gleichursprünglichkeit dieser Strukturen gemeint. Heidegger zielt grundsätzlich auf die Einheitlichkeit dieser Strukturen, die die Seinsweisen des Seienden sind; und als solche sind sie nur aus dem mit ihnen immer schon vermeinten Sein her verständlich[1]. Damit setzt sich Heidegger grundsätzlich mit seiner Daseinskonzeption gegen eine statische Auffassung von Dasein ab. Dasein ist für ihn nicht ein Zusammengesetztes aus Leib, Seele und Geist, auch nicht ein Subjekt oder Bewußtsein oder ein Zentrum von Akten. Es ist eine strukturale Größe, die sich dadurch auszeichnet, daß die Strukturen selbst Seinsweisen des Seienden sind. Diese sind nur deshalb nachweisbar, weil sie mitgemeint sind in dem ihnen zugrundeliegenden Sein, d.h. aus der Sorge.

Dasein versteht sich letztlich aus sich selbst als Sorge. Die Sorge ist demnach die primäre Ganzheit der Seinsverfassung des Daseins, die als diese Ganzheit sich immer in diese oder jene bestimmte Weise ihres Seinkönnens legt. In jeder Seinsweise des Daseins ist diese Seinsganzheit – die Sorge – als solche ganz da. Damit bestimmt Heidegger das Sein des Seienden als Sorge und fällt damit wieder aus dem zuvor entwickelten Daseinsverständnis der strukturalen Größe heraus, die gerade nicht Inhaltlichkeit meint. Dasein als strukturale Größe verstanden setzt ein Spannungsgefüge zwischen grundlegenden Phänomenen voraus, die durch ihr Eigensein Dasein ermöglichen. Somit ist das, was Dasein bezeichnet, keine inhaltliche Größe, sondern ein Gefüge der Offenheit, wobei ein Pol die von Heidegger beschriebene Jeweiligkeit ist.

Näherhin beschreibt Heidegger die Sorge als „Aussein auf etwas" und als Aussein auf etwas ist es Aussein auf das, was es noch nicht ist[2]. Als Sorge ist somit das Dasein wesensmäßig zu etwas unterwegs, was es selbst noch nicht ist. Daraus leitet Heidegger den Seinssinn des Daseins ab, der darin besteht, daß das Dasein immer noch etwas vor sich hat, was noch aussteht. Dieses

---
[1] Vgl. *Martin Heidegger:* Prolegomena zur Geschichte des Zeitbegriffs, Bd. 20, Frankfurt 1979, 422.
[2] Vgl. ebda., 425.

beständige „Noch-ausstehen" besagt, daß das Sein des Daseins immer unabgeschlossen ist, daß an ihm noch etwas fehlt, solange es ist[1].

Mit dem Aufweis der Seinsstruktur des Daseins als Sorge ist nach Heidegger zugleich die Definition des Menschen gegeben[2]. Sie ist eine phänomenologische Selbstauslegung, und damit für Heidegger eine Grundstuktur menschlichen Daseins. Die Seinsstruktur des Daseins, die die Sorge ist, ist aus dem Dasein selbst geschöpft, das ja sich auslegendes und sich aussprechendes Seiendes ist. Schon 1918 – also neun Jahre vor Erscheinen von „Sein und Zeit" – stößt Heidegger auf das Phänomen der Sorge[3]. Dies wird von der antiken christlichen Anthropologie nicht ausdrücklich als Phänomen gekannt, jedoch spielt die cura, die Sorge, bei Seneca eine Rolle. Heidegger selbst stieß nachträglich auf die Selbstauslegung des Daseins als Sorge in einer alten Fabel, die sich unter den Fabeln des Hygin als die 220ste Fabel unter dem Titel „Cura" findet. Allen Fabeln ist gemeinsam, daß sie aus einem ursprünglichen naiven Blick auf das Dasein selbst geschöpft sind. Aus diesem Grund sieht Heidegger in ihnen eine positive Rolle, die sie für alle Interpretationen spielen. Das Erstaunliche an der „Cura-Fabel" ist für Heidegger, daß sie das Dasein in den Blick nimmt und dabei neben Körper und Geist so etwas wie die Sorge als dasjenige Phänomen sieht, das diesem Seienden – solange es lebt – zugesprochen wird[4]. Heidegger sieht sich also in seiner Daseinskonzeption durch die „Cura-Fabel" bestätigt und durch die Tatsache, daß Goethe die Fabel des Hygin über Herder kennengelernt und in seinem „Faust" im zweiten Teil bearbeitet hat[5].

Für Heidegger ist mit dem Phänomen der Sorge diejenige Seinsstruktur gewonnen, von der aus nun die zuvor genannten Seinscharaktere des Daseins verständlich werden. Hier muß auf ein grundsätzliches Mißverhältnis aufmerksam gemacht werden,

---

[1] Vgl. *Martin Heidegger,* Prolegomena zur Geschichte des Zeitbegriffs, Bd. 20, Frankfurt 1979, 426.
[2] Vgl. ebda., 417.
[3] Vgl. ebda., 418.
[4] Vgl. ebda., 419.
[5] Vgl. *K. Burdach:* Faust und die Sorge, in: Deutsche Vierteljahrsschrift für Literaturwissenschaft und Geistesgeschichte I, 1923, 41 f.

dem Heidegger unterlegen ist. Wie schon die stoische Moralphilosophie zeigt, gehört die Sorge zur Daseinsauffassung des primitiven Menschen [1]. Es widerspricht also grundsätzlich einer reflektierten Daseinserhellung, die Sorge – als naive Daseinsauslegung – nicht auf ihre ursprüngliche Herkunft zurückzuführen, sondern sie als Phänomen zu sehen, und zwar nicht nur in einem phänomenologischen, sondern auch noch in einem ontologischen Sinne. Heideggers Daseinsanalyse hat vielversprechend angesetzt, vor allem dort, wo er den Ansatz Descartes' auf seine Weise fassen wollte und bemüht war, das „sum" und seine Bestimmung zu gewinnen. Heideggers primäre Intention ist es zunächst gewesen, das cogitum und cogitare des Descartes zugunsten des „sum" zurückzustellen und sich diesem „ich bin" in einer grundlegenden Reflexion zu widmen. Daß es ihm leider mißlungen ist, kann auf zwei Gründe zurückgeführt werden: zum einen kann auf das „ich" doch nicht verzichtet werden – es kommt bei Heidegger wieder in seinem Terminus der „Jeweiligkeit" zum Tragen –, und zum anderen ist das „sum" nicht als eine faktische, sondern als eine ontologische Größe zu fassen, und zwar im Sinne einer Ontologie der Sache und nicht der Aussage nach [2].

Heideggers Daseinsinterpretation kann insofern zugestimmt werden, als sie eine Analyse der Uneigentlichkeit, der Verfallenheit des Daseins bis in die Details darstellt – insbesondere in „Sein und Zeit". Soll jedoch von einer Ontologie des Daseins die Rede sein, dann müssen die Phänomene zuerst noch freigelegt werden. Es ist ja nicht so, daß die von Heidegger festgestellten Daseinscharaktere wie Angst, Neugier, Flucht, Gerede, Zweideutigkeit usw. Phänomene des Daseins sind, sondern sie verstellen geradezu die Grundmerkmale des Daseins. Im recht verstandenen Sinne sind es Symptomträger, jedoch nicht Phänomene.

Die Positivität Heideggers früher Daseinskonzeption besteht darin, daß er versucht hat, sich auf das „bin" einzulassen. Dies

---

[1] Vgl. *Seneca:* 90. Brief.
[2] Weitere Aspekte der Heidegger-Kritik finden sich bei *Ingeborg Bachmann:* Die kritische Aufnahme der Existentialphilosophie Martin Heideggers (Dissertation Wien, 1949), München 1985.

zeigt, daß er die Wichtigkeit menschlicher Existenz innerhalb eines Zuganges zur Welt erkannt hat. Das Dasein findet sich immer schon vor in einer Welt und muß sich nicht erst mühsam einen Zugang zur Welt schaffen. Heidegger öffnet damit den Blick für die eigene Vorfindlichkeit, an der nun nicht mehr blind vorbei gedacht werden kann. Innerhalb der philosophischen Entwicklung der letzten Jahrhunderte ist dies ein bedeutsamer Schritt, wenn bedacht wird, daß für Kant das Subjekt selbst noch nicht fraglich war, sondern es seine Welt entwarf, wenn weiterhin bedacht wird, daß erst Brentano eine Unterschiedlichkeit zwischen psychischen und physischen Akten erkannte und er im Gegenstand selbst die Gerichtetheit, die Intentionalität zur Sprache bringen konnte und erst Husserl sie dann in Bezug auf das menschliche Bewußtsein verbalisierte, indem er die Relation zwischen Gegenstand und erkennendem Bewußtsein formulierte.

Heideggers Daseinskonzeption ist also ein erster Zugang, sich jetzt mit dem auseinanderzusetzen, was das Dasein als Dasein ausmacht. Dabei gilt es zu bedenken, daß es dabei nicht um das Dasein im Sinne der von Heidegger formulierten Vorfindlichkeit geht, sondern diese erst der Ausgangspunkt ist, um zur ontologischen Struktur des Daseins zu finden. Dabei gilt es, das „bin" auf seine ontologische Fundierung hin zu untersuchen.

Winfrid Hover

Der Dichter als Seher und Rufer.
Zu den Hölderlin-Interpretationen
Martin Heideggers und Romano Guardinis

„Die vorliegende Arbeit geht von der Überzeugung aus, Hölderlins Dichtung sei anderer Art als jene, die sich in der Neuzeit herausgebildet hat." Mit dieser, für die bisherige Hölderlin-Forschung unerwarteten Entdeckung beginnt Romano Guardini sein 1939 erschienenes Hölderlin-Buch. Das künstlerische Schaffen der Neuzeit ruht nach Guardini – mehr oder weniger bewußt – auf der Vorstellung des autonomen Kunstwerks, das dem Impuls der schöpferischen Veranlagung entspringt. Die Gültigkeit dieses Kunstwerks wird durch die Echtheit des Erlebnisses, die Reinheit des Auges, die Kraft der Formung und die Genauigkeit bestimmt, mit welcher Erlebnis und Bild von vornherein auf den zugehörigen Wort-Leib bezogen sind. Auch in der neuzeitlichen Dichtung waltet das Erlebnis – aber das unmittelbare der in sich selbst stehenden Persönlichkeit. Auch in der neuzeitlichen Dichtung vollzieht sich das Werden der Gestalt, welches Geist und Gemüt des Dichters in Anspruch nimmt, so daß er nicht mehr sich selbst zu gehören scheint; aber was da vor sich geht, wenn auch noch so heftig erfahren, ist nach Guardini nichts anderes als der Vorgang der Werkentstehung überhaupt. Bei Hölderlin indes geschieht etwas anderes, etwas qualitativ anderes. Sein Schaffen steht im Dienst eines Anrufs, dem sich der Dichter nicht entziehen kann, es sei denn, er verrate sein Werk und die Macht, die ihn anruft. Was hier geschieht, ist nicht die Goethesche Erregung des Innern, die sich dann zur Gestalt formt. Dieser Vorgang bleibt noch im Subjektbereich. Hölderlin wird von außerhalb angerufen; in seinem Innersten geschieht die Berührung, die alles erschütternde Berührung. Hier steigt die Vision auf und wird der Auftrag zur Botschaft gegeben. Verpflichtendes Maßbild ist nicht mehr der autonome Künstler-Dichter, sondern der „zu religiösem Dienst gerufene

Seher", der gar nicht mehr anders kann, als von dem zu künden, was ihm aufgetragen wird [1].

Fünf Jahre vor Erscheinen des Guardinischen Werkes hat sich schon ein anderer maßgebender Philosoph des 20. Jahrhunderts zu Hölderlin geäußert, diesmal nicht auf schriftliche, sondern auf mündliche Art und Weise: Martin Heidegger. Etwa ein halbes Jahr nach dem letzten Tag des Rektorats hält er zum Wintersemester 1934/35 an der Freiburger Universität eine Vorlesung über Hölderlins Hymnen „Germanien" und „Der Rhein". Frappierend sind die Parallelen zu Guardinis Neuzeitkritik. Die Neuzeit, so Heidegger, hat Angst vor dem wirklichen Fragen, vor dem Fragen nach dem eigentlich Frag-würdigen. So kommt es, daß sie den Menschen lediglich als „Subjekt" sieht, als Subjekt, das von sogenannten Objekten umstellt wird. Subjekt und Objekt erscheinen als feste, vorhandene Blöcke, zwischen denen hinterher verschiedene Fäden gespannt werden, unter anderem auch Stimmungen. Daß aber die „Stimmung" mehr ist als nur etwas „Subjektives", wenig Greifbares und Nur-Begleitendes, daß sie eine geistige Wirklichkeit zum Ausdruck bringen will, kommt der Neuzeit nicht in den Sinn [2]. Im Subjekt-Begriff der Neuzeit und in der immer wiederkehrenden Denkgestalt des „Subjektiven" wird deutlich, daß der Mensch der Neuzeit meint, er habe sich sein „Seyn" selbst verliehen und könne es sich auch wieder nehmen. Indes: Er ist ins Sein gestellt – Heidegger meint: geworfen – und muß dies leidend auf sich nehmen. Dichtung von ihrem Wesen her ist nach Heidegger – und hier setzt er sich explizit von Spengler (Dichtung als Ausdruck einer Kulturseele) und Rosenberg (Dichtung als Ausdruck einer Rassen- oder Volksseele) ab – weder der seelische Vorgang der Anfertigung von Gedichten noch der sprachliche 'Ausdruck' seelischer Erlebnisse. Vom Wortstamm her bedeutet 'dichten' etwas sichtbar und offenbar machen. Der Dichter steht,

---

[1] Vgl. *Romano Guardini,* Hölderlin. Weltbild und Frömmigkeit (1939), München 2. Aufl. 1955 11f.; Vgl. dazu *Hermann Kunisch,* Guardinis Hölderlinbild, in: Vorstand der Vereinigung der Freunde von Burg Rothenfels e. V. (Hg.), Romano Guardini. Seine Interpretation von Dichtung, Burg Rothenfels 1977, 19-37, 24f.
[2] Vgl. *Martin Heidegger,* Hölderlins Hymnen „Germanien" und „Der Rhein", Gesamtausgabe Bd. 39, Frankfurt am Main 1980, 143.

mit Hölderlin gesprochen, „unter Gottes Gewittern", „mit entblößtem Haupte", schutzlos preis- und von sich weggegeben. Sein Auftrag ist es, die „Blitze des Gottes" ins Wort zu bringen und dieses Wort an das Volk weiterzugeben. Alle diejenigen, die meinen, Dichtung sei Ausdruck seelischer Empfindungen und Erlebnisse, haben nicht verstanden, worum es dem wirklichen Dichter in Wahrheit geht. Und wenn sich auch dreihundert Schriftsteller zu einem „Dichtertreffen" zusammenfinden, so heißt dies noch längst nicht, daß sich unter ihnen auch wirkliche Dichter befinden. Denn es kann sein, daß in Jahrhunderten vielleicht ein einziger Dichter kommt und daß er, wenn er kommt, selbst von den Urteilsfähigen kaum sogleich erkannt wird [1].

Die den neuzeitlichen Rahmen sprengende Dichter-Existenz zeichnet sich sowohl für Guardini als auch für Heidegger dadurch aus, daß in ihr Werk und Leben eine Einheit bilden. Hölderlin kann nicht die Hymnen schreiben, die seinen Namen tragen, und außerdem ein Mensch sein, dem es so oder anders ergeht, sondern hier ist eine unlösliche, selige und auch tragische Einheit. Siehe des Dichters Versuch, das Phänomen des Stroms zu erfassen: Der Strom ist ihm von vornherein mehr, als was die Geographie, mehr aber auch, als was die Kulturwissenschaft mit dem Worte bezeichnet. Aus ihm blickt den des Sehens Fähigen ein Antlitz an, eine Gestalt, ein Jemand. In seinem Entspringen und Sich-Verändern vollzieht sich ein Schicksal. Damit aber, daß der Seher sieht, ist er auch selbst erfaßt. Er kommt nicht mehr los. Was ihm begegnet, kann er nicht mehr, wie der im Gewöhnlichen Befangene und zugleich Beschützte, als harmlos ansehen. Er muß Sehender bleiben, das Geschaute verkünden, in irgendeinem Sinne daran teilnehmen. Sein eigenes Leben wird in das Geschaute hineingezogen. Noch deutlicher: Er hat nur deshalb schauend werden können, „weil er von Geburt ein Geweihter und Gezeichneter ist"[2].

---

[1] Vgl. *Martin Heidegger,* Hölderlins Hymne „Andenken (Vorlesung Wintersemester 1941/42), Gesamtausgabe Bd. 52, Frankfurt am Main 1982, 7.
[2] *Romano Guardini,* Hölderlin, 13, 32 f.; Vgl. *Martin Heidegger,* Hölderlins Hymnen „Germanien" und „Der Rhein", 6.

Hölderlin ist, was, so Guardini, seit Dante keiner mehr gewesen, Seher und Rufer. Religiöse Natur höchsten Ranges – verbunden mit einer wunderbar reinen Kraft dichterischen Schauens und Sehens. Und all dies in scharfem Unterschied zur Neuzeit: ihm fehlt die ihr eigene Subjektivität. Hölderlins religiöses Bewußtsein richtet sich nicht auf persönliche Zustände und Steigerungen, sondern auf gegenständliche Mächte und Wesenheiten. Was sein künstlerischer Wille verlangt, ist nicht, eigenes Erleben mitzuteilen, sondern Hoheiten zu preisen, Mächte zu verkünden, Sprecher großen Geschehens und Bote von Weltforderungen zu sein. Die Innerlichkeit, auf die es ihm ankommt, ist keine subjektive Sphäre, sondern der Tiefenbereich des wirklichen Seins, des einzelnen Menschen wie des Volkes, des Stromes und des Berges, der Pflanze und des Tieres, des Landes, der Erde, des Meeres und schließlich der Welt. Die Macht von Hölderlins Dichtung liegt gerade darin, daß sie ganz aus der Tiefe kommt, aus der Tiefe des Geistes und des Herzens, aus abgründigster Welt-Innigkeit. Diese „Innigkeit" aber meint nicht bloße 'Innerlichkeit' im Sinne des Bei-sich-Verschließens eines 'Erlebnisses'. Sie meint auch keine verträumte, tatenlose Empfindsamkeit. Sie ist „höchste Kraft des Daseins"[1]. Weil nun aber das, was Hölderlin sagt, aus der Tiefe kommt, ist darin nichts Zufälliges. Alles ist weder gedacht, noch gewollt, sondern „gemußt", „heiliggenötigt" jener Tiefe entsteigend. Mit Heidegger gesprochen: „Das Kaum-enthüllen-dürfen des Geheimnisses ist gerade ein ständig wachsendes Enthüllenmüssen des Reinentsprungenen"[2]. Hölderlin ist genötigt, das auszusagen, was ihm zugesprochen wird. Als „Hörer des Wortes" muß er künden von dem, was sich ihm zustellt – was sich ihm zustellt von einer Ordnung her, die jegliche Subjektivität überschreitet und gerade deshalb ins Innerste des Innern trifft. Warum wohl haben sich Guardini und Heidegger so intensiv mit Hölderlin beschäftigt und nicht in der gleichen Weise mit Goethe, Schiller, Klopstock, Lessing oder Kleist? Weil sie bei Hölderlin eine Anruf-Antwort-Kategorie vorfinden, die sie aus innerster

---

[1] *Martin Heidegger,* Hölderlins Hymnen „Germanien" und „Der Rhein", 117.
[2] Ebda., 252.

Verwandtschaft heraus kennen und auch bei sich selbst erleben. Obwohl die Antwort je verschieden ausfällt, angerufen sind sie beide und wissen auch darum. „Hören ist zuerst Horchen. Horchen ist Innehalten mit allem sonstigen Vernehmen. Horchen ist das völlige Alleinsein mit Kommendem. Horchen ist Sammlung auf den einzigen bereiten Ausgriff in den noch nicht heimischen Bezirk einer Ankunft"[1].

Apropos „Ankunft": Heideggers Vorlesung von 1934 beginnt mit einer interessanten Vorbemerkung. Die Gefahr der gegenwärtigen Hölderlin-Forschung sei die, daß man Hölderlin 'historisch' nehme und dabei verkenne, daß sein Werk jeglichen kleinkarierten Historismus und jegliches Abhängigkeitsdenken schon in seinem Ursprung überwunden habe und den Anfang einer anderen Geschichte gesetzt habe, nämlich der, die „anhebt mit dem Kampf um die Entscheidung über Ankunft oder Flucht des Gottes"[2]. Hölderlin selbst weiß um das Noch-Nicht und zugleich das Schon-Da des Göttlichen; Heidegger ebenso. Die Haltung, die für ihn zählt, ist das Warten, das Ahnen, das Harren, überhaupt die Bereitschaft. Zugleich aber – mit dem Zwischenschritt des Kommensehens – ist die Göttlichkeit da. Sie „waltet" und ist – obwohl verdämmernd und dunkel – doch mächtig. Die „heilig trauernde Bedrängnis" besteht für Heidegger darin, sich trotz des Verzichts auf die fernen Götter „in der Nähe ihrer Göttlichkeit zu halten"[3]. Geschichte ist für Heidegger nicht Historie. Sie ist kein Aneinanderreihen von Jahreszahlen und äußerlichen politischen und sozialen Gegebenheiten. Wirkliche Geschichte geht nur hervor aus der Begegnung des Menschen mit dem Absoluten. Stellt sich der Mensch dem Anruf, hat er die Bereitschaft, sich, mit Heideggers eigenen Worten gesprochen, „treffen" und „überfallen" zu lassen, dann wächst Ge-schichte. Gewiß: Dies ist ein „Kampf". Der Mensch ist auch in der Lage, den Anruf zu verweigern und sich ein bequemes Leben zu machen. Nur darf er sich dann nicht wundern, daß er aus der Linie derer, die Geschichte machen, her-

---

[1] *Martin Heidegger,* Hölderlins Hymne „Andenken", 14.
[2] Ders., Hölderlins Hymnen „Germanien" und „Der Rhein", 1.
[3] Ebda., 95.

ausfällt und gleichsam auf dem „absterbenden Ast" sitzt. Die Annahme der Gottbeziehung – und auch die Annahme der Voraussetzungen, die nötig sind, um diese zu gewinnen (für Heidegger ist hier insbesondere die Einsamkeit von ausschlaggebender Bedeutung) – entscheidet über Gewinn oder Verlust persönlicher wie allgemeiner Geschichte. Hier berührt sich Heideggers Geschichtsphilosophie eng mit der Romano Guardinis. Auch für diesen ist Geschichte kein Prozeß, dem sich der Mensch ergeben unterzuordnen hat, sondern Folge personaler Entscheidungen. Gewiß gibt es innerhalb ihres Zusammenhangs Prozesse; sie werden aber jeweils durch Taten in Gang gesetzt, die aus der Freiheit hervorgehen. Geschichte ist „personale Geschichte", deren bestimmende Elemente Freiheit, Entscheidung, Verantwortung, Schuld und Schicksal heißen. Sie fängt mit jedem Menschen neu an und in jedem Menschenleben mit jeder Stunde [1].

An der dichterischen Existenz Hölderlins wird Heidegger deutlich, was das geschichtliche Dasein des Menschen ist. Diese ist „Ausgesetztheit in die Übermacht des Seyns"; der Mensch ist „Zeuge des Seyns", „ausgesetzt in die Mitte der äußersten Widerstreite" – Guardini würde hier sagen: Gegensätze – „und wesend im Umgriff einfachster Innigkeit"[2]. Wenn Heidegger davon spricht, daß das eigentliche Dasein des Menschen „dichterisch" ist – das maßgebende Handeln in der Zukunft ist für Heidegger ohnehin nur noch das „Dichten und Denken"[3] – so meint er gerade dies: Es ist in der Nähe zum Ursprung, es steht von Wesen her im Anruf. So ist auch sein Begriff von „Heimat" zu verstehen: Heimat ist nicht nur der bloße Geburtsort oder die vertraute Landschaft. Sie ist die „Macht der Erde", auf der der Mensch je nach seinem geschichtlichen Dasein „dichterisch wohnt", d.h. eingebunden ist in ein größeres Ganzes, was auch metaphysisch zu verstehen ist. Der Schwabe Hölderlin und der Badener Heidegger – beide lieben sie ihr Land aufs Innigste. Und ihre Liebe gilt darüber hinaus

---
[1] Vgl. *Romano Guardini,* Die Macht. Versuch einer Wegweisung (1951), Würzburg 5. Aufl. 1960, 40 f.
[2] *Martin Heidegger,* Hölderlins Hymnen „Germanien" und „Der Rhein", 61.
[3] Spiegel-Gespräch mit Martin Heidegger, in: Günter Neske/Emil Kettering, Antwort. Martin Heidegger im Gespräch, Pfullingen 1988, 79-114, 97.

dem ganzen deutschen Vaterland. Man hat Heidegger – gerade im Zusammenhang mit der Vorlesung von 1934 und dem Rom-Vortrag von 1936 – nationalsozialistische Elemente in seiner Hölderlin-Deutung vorgeworfen [1]. Heidegger aber geht es darum, daß der Dichter die Winke der Götter weiterwinkt in das Volk bzw. das Dasein des Volkes in den Bereich dieser Winke stellt [2]. Was heißt dies? Heidegger ist es darum zu tun, daß der einzelne im Volk erkenne, was sein Wesen ausmacht. Dieses besteht nicht darin, zu wirken, zu agieren und etwas zu leisten. Es besteht darin, „in der Gegenwart der Götter (zu) stehen und betroffen (zu) sein von der Wesensnähe der Dinge" [3]. Wie Guardini sorgt sich Heidegger um den Menschen, um die Realisierung seines Menschseins in der Zeit. Hierbei ist es der Dichter, der dem Menschen „das Wirkliche" sagt, den Ort, wo er zu stehen hat. Mehr noch: Der Dichter ist es, der eine neue Zeit „bestimmt", indem er das Wesen der Dichtung neu stiftet.

Jedes Volk hat nach Heidegger seine besondere Gabe und Aufgabe. Den Deutschen ist mitgegeben das Planen, Rechnen, Organisieren und Fassenkönnen; aufgegeben ist ihnen das „Betroffenwerden durch das Seyn". Hierbei ist es die Dichtung, die den Deutschen zu einer „Macht ihres Wesens" werden sollte und hier insbesondere die Hölderlinsche, da dieser das „deutsche Seyn" am weitesten entworfen habe. Heidegger sah zu dieser Zeit keine Alternative zum Nationalsozialismus, da es, so seine Rede, bei der allgemeinen Verwirrung der Meinungen und der politischen Tendenzen von 32 Parteien galt, zu einer nationalen und vor allem sozialen Einstellung zu finden [4]. Daß der Nationalsozialismus gerade das Gegenteil von dem intendierte, was Heidegger vorschwebte, daß er gerade nicht wollte, daß der einzelne, auch durch Leid und Einsamkeit hindurch, zu seinem Wesen finde, sondern dieses „aufopfere" um des vermeintlich Ganzen willen – dies hat

---

[1] Vgl. *Hugo Ott,* Martin Heidegger. Unterwegs zu seiner Biographie, Frankfurt-New York 1988, 131ff.
[2] Vgl. *Martin Heidegger,* Hölderlins Hymnen „Germanien" und „Der Rhein", 32.
[3] *Martin Heidegger,* Hölderlin und das Wesen der Dichtung, in: Ders., Erläuterung zu Hölderlins Dichtung, Gesamtausgabe Bd. 4, Frankfurt a./M. 1981, 33-48, 42.
[4] Vgl. Spiegel-Gespräch mit Martin Heidegger, 84.

Heidegger nicht gesehen. Hier hat er sich blenden lassen. Seine Worte über das geschichtliche Dasein der Deutschen allerdings verdienen Beachtung. Sie gelten sicherlich für jedes Volk, interessant ist aber, daß Heidegger bestimmte geistige Verpflichtungen als besondere Aufgabe insbesondere den Deutschen zuordnet. Hölderlins Vers, daß das deutsche Land „wehrlos Rath" zu geben habe „rings/Den Königen und Völkern", interpretiert Heidegger so: Die geschichtliche Größe der Deutschen zeichne sich dadurch aus, daß sie der Abwehr und Gegenwehr nicht mehr bedürften, sondern „siegten" „durch das Da-sein, indem dieses durch das gewirkte In-sich-stehen zur Erscheinung bringt das Seiende, wie es ist"[1]. Die besondere Aufgabe der Deutschen ist somit die Ausbildung der Dimension der Innerlichkeit, des substantiellen Kerns und daraus resultierend die Fähigkeit, die Wirklichkeit zu sehen, wie sie ist. Der Weg zu diesem Ziel geschieht nicht durch Reden und Diskutieren, sondern einfach dadurch, daß er gegangen wird. So kommt die Wahrheit ans Licht.

„Was bleibet aber, stiften die Dichter". Immer wieder kommt Heidegger auf diesen Hölderlin-Vers aus dem Gedicht „Andenken" zu sprechen. Der Dichter ist für ihn „Stifter des Seyns". Was Heidegger allerdings unter „Stiftung" versteht, schwankt: Einmal ist Stiftung ein Harren, Warten und „Kommen-sehen" – also eine Art Empfangen –, ein anderes Mal ein aktiver Akt der Setzung, ein Entwerfen dessen, was noch nicht ist, in sein Sein[2]. Es ist freie Schöpfung, Setzung, Schenkung, ja noch mehr: feste Gründung des menschlichen Daseins auf seinen Grund[3]. Geht hier Heidegger nicht zu weit? Gesteht er der Dichtung als „Stiftung des Seyns" nicht etwas zu, was sie nicht leisten kann, was auch gar nicht ihre Bestimmung ist? Die Heidegger-Kritikerin Edith Stein hat hier in ihrer Dichtungstheorie andere Akzente gesetzt. Dichten ist Schaffen, aber Schaffen eigener Art. Es ist nicht „frei" im Sinne selbstherrlicher Willkür, sondern gleicht eher einem Empfangen und Gebären. Das „Gebilde" hat sein eigenes inneres Aufbaugesetz,

---

[1] *Martin Heidegger,* Hölderlins Hymnen „Germanien" und „Der Rhein", 289.
[2] Vgl. ebda., 214, 257.
[3] Vgl. ders., Hölderlin und das Wesen der Dichtung, 41f.

unter das sich der Dichter „beugen" muß, soll es ein Kunstwerk, nicht ein „Machwerk" werden. Die Gestalten haben ihr eigenes Wesen und dieses entfaltet sich vor seinen Augen. Er muß ihnen „zuschauen", wie sie sich in dieser oder jener Lage „benehmen", er kann es ihnen nicht vorschreiben [1]. Heidegger hat solche oder ähnliche Gedanken wohl auch gedacht und teilweise auch geschrieben, durchschlagend sind sie bei ihm aber nicht geworden. Versteht er Dichtung als Schöpfung von etwas, was vorher nicht gewesen, so zeigt dies eine zutiefst neuzeitliche Denkstruktur: die Welt als „Wille und Vorstellung"; Welt wird nicht vorgefunden und angenommen, sondern gesetzt und gemacht.

Das Ereignis, auf welches Hölderlins Geschichte wartet, ist ein religiöses, ein „eschatologisches". Nach christlichem Verständnis ist es Christus, der zu einer Stunde, die im Ratschluß des Vaters festgesetzt ist, wiederkehrt und durch die Macht des Heiligen Geistes die Welt in „den Neuen Himmel und die Neue Erde" verwandelt. Diese Lehre wird von Hölderlin auf jene Vollendung übertragen, die sich im Gang der Geschichte selbst vollziehen soll, wenn diese in die Auswegslosigkeit geraten ist. Das Wiederkehrende ist nun nicht mehr Christus, sondern Griechenland; der Sendende nicht der Vater im Himmel, sondern der Äther; das Wirkende nicht das „Pneuma Christi", sondern die dionysische Geistfülle. Die Verstrickung, die gelöst werden soll, ist nicht die Sünde der Menschheit, sondern die innere Auswegslosigkeit der Geschichte. Nicht der Engel wird gesandt, sondern der Adler. Offen ist nicht die Jungfrau Maria, sondern Germanien. Dieses wird das kommende Griechenland aufnehmen, und aus der Vereinigung wird das neue Dasein geboren werden. Hölderlins Versuch, Geschichte zu verstehen, ist ein Versuch, die Geschichte über sie selbst hinauszuheben und doch als Geschichte zu erhalten; die Überschreitung des Diesseits zu vollziehen, aber so, daß die Einheit mit der Erde bleibt; die Ewigkeit zu gewinnen, aber nicht als Aufhebung der Zeit, sondern als Charakter des zeitlichen Daseins selbst. Damit freilich verändert sich, so hat es Guardini hellsichtig erkannt,

---

[1] Vgl. *Edith Stein,* Endliches und ewiges Sein. Versuch eines Aufstiegs zum Sinn des Seins (1936), Werke Bd. II, Louvain-Freiburg 1950, 151f.

der Begriff der Ewigkeit selbst. Sie, die ihrem Wesen nach die Seinsweise des heiligen Gottes ist, wird zu einem Moment des Weltdaseins. Auch die Zeit wird zum ebenbürtigen Gegenspiel der Ewigkeit und fähig, mit ihr in die Einheit einer neuen Existenzform einzugehen. Ähnlich der Daseinslehre Nietzsches geht es bei Hölderlin darum, so Guardini, eine Welt zu begründen, die keine Wirklichkeit außer sich; eine Geschichte, die keine Ewigkeit über sich hat. Aber nicht so, daß das Außerweltliche und Übergeschichtliche einfach weggestrichen, sondern daß sie in Welt und Geschichte hereingeholt werden. Wie Gott zu einem Element der Welt, so soll die Ewigkeit zu einem Element der Geschichte werden [1].

Hölderlins Dichtungen sind von Götterwesen erfüllt. Meistens sind es griechische oder doch an griechische Vorstellungen sich anschließende Numina, so der Vater der Götter und Menschen, die Mutter Erde, Apollon, Poseidon, Dionysos. Hölderlins Verhältnis zu diesen Numina ist anderer Art als das etwa eines Goethe oder Schiller. Für jene fand ihr Verständnis von „Religion" – als Gefühl von der lebenssteigernden Kraft der geistigen Werte, als Überzeugung von der unendlichen Möglichkeit menschlichen Schaffens, unterfangen von einem lebendigen Gefühl des Geheimnisses – einen willkommenen Ausdruck in den Gestalten der antiken Gottheiten. Hölderlin dagegen „erlebt" diese Götter, erfährt ihre Macht und läßt sich von ihnen anrühren. Prüft man aber Hölderlins „Erlebnisse" und Eindrücke näher, so bemerkt man in ihnen eine Schwingung, die weder aus der Antike, noch aus neuzeitlichem Denken und Erfahren stammen kann. Zahlreiche Einzelbezüge sowie Haltung und Stimmung offenbaren nach Guardini den Einfluß jenes Christlichen, das Hölderlin als Bekenntnis verlassen hat. Aus tieferen Zusammenhängen, als persönliche Erfahrung und individuelles Urteil sie schaffen, wirkt die Innerlichkeit der Seele, die Christus begegnet, und die Liebe des Herzens, die vom Heiligen Geist berührt ist, in Vorstellungen und Gesinnungen hinein. Dieses Heimlich-Christliche, das sich

---

[1] Vgl. *Romano Guardini,* Hölderlin, 182 ff.

zuerst nur als innere Dimension, als Bewegtheit und Wärme des Wesens und als Möglichkeit der Nähe auswirkt, tritt dann aber auch in offener Gestalt zutage. Nachdem Hölderlin eine Zeitlang alle ausdrücklich christlichen Bilder und Gedanken ferngehalten hat, beginnt die Christusgestalt sich in ihm zu regen. Sie gewinnt immer größere Kraft, und die Welt der antiken Numina gerät mit ihr in eine Auseinandersetzung, für deren Tiefe der Begriff der idealistischen „Synthese" nicht ausreicht. Es ist ein Kampf „in Geist und Herz und Geblüt", der aber nicht zum letzten Austrag gelangt, sondern mit dem geistigen Zusammenbruch abreißt [1].

In Hölderlins Welt wird Christus ohne Zögern „göttlich", ja „Gott" genannt. Andererseits fehlt aber in dieser Welt der Name Gottes – jenes Gottes, der weder die Einzahl des Plurals „Götter", noch den „Vater der Götter und Menschen", noch das allgemeine Weltwesen, sondern den Lebendigen Gott der Offenbarung bedeutet. Wer also ist bei Hölderlin Christus und in welchem Sinne wird er göttlich und Gott genannt?

Das Göttliche bei Hölderlin ist ein Moment in der Natur; ihre überall vorhandene „andere" Seite; das an jeder Stelle deutlich werdende Un-Irdische, das doch ganz zur Welt gehört. Die Götter aber sind Formen dieses Unirdisch-Welthaften, Gestalten und Mächte also innerhalb der Natur. Jede Gstalt bedeutet etwas Charakteristisches; hinter jeder steht aber das Ganze und redet durch sie. Auch Christus ist, als einer aus der Reihe der Götter, auf diese Natur bezogen, jedoch in eigener Weise. Von den „weltlichen Männern" unterscheidet er sich dadurch, daß er, zusammen mit Herakles und Dionysos, der menschlichen Not zugeordnet, also ein Heilandsgott ist. Innerhalb dieser Reihe hat er wiederum seine eigene Stellung: er ist auf die Not des Abends, der hereinbrechenden Finsternis, des sinkenden Weltentages, des Endes bezogen; so ist er der Milde und Tröstende. Herakles gehört zur Not des Anfangs: er kämpft gegen das Chaos, sichert, gründet, ordnet. Dionysos überwindet die Not der Individualität: er wirkt die Verzauberung und Verwandlung. Christus ist jener, der zum Aus-

---

[1] Vgl. *Romano Guardini,* Hölderlin, 199.

harren in der Weltnacht stärkt; jener Zeit, die vom Weggang der Götter bis heute reicht. Dazu stiftet er die heilige Handlung des Dankes, die Eucharistie. Er ist der Versöhnende, der das Auseinanderreißen des von Göttern verlassenen Daseins beschwört; das Zürnen der von den empörerischen Gewalten bedrängten Welt besänftigt; die Gefahr des titanischen sowohl wie des dionysischen Überschritts abwehrt. Hölderlin fühlt den tiefen Unterschied, der Christus von den anderen Göttern trennt. Ein Anspruch wesenhaft anderer Art macht sich geltend; anderswoher kommend, anders geartet, anders begründet. Hölderlin nun sucht dieses „Andere" Christi durch zwei Gedanken bzw. Bewegungen zu überwinden. Das Gefühl, Christus sei anders als die „weltlichen" Männer, in besonderer Weise „geistlich", versucht er dadurch zu überwinden, daß er ihn mit den Heilandsgöttern zusammenordnet; das Gefühl, er sträube sich auch noch gegen diese Einordnung, sei also anders auch als Herakles und Dionysos, dadurch, daß er seine „allvergessende Liebe" anruft und von ihr verlangt, sie möge keine Entweder-Oder stellen [1].

So hat Christus seinen besonderen Charakter, seine besondere Wirksamkeit in der Welt und seine Stellung im Gang der Zeiten – alles das aber, so entdeckt Guardini bei Hölderlin, im Ganzen der Natur. Auch er ist ein „Anblick" von ihr; die Göttlichkeit eines Moments, das zu ihrem Gesamtwesen gehört und sich zur gegebenen Zeit verwirklicht. Er ist das Numen des Abends und des Endes – welches Ende selbst aber nicht absolut ist, sondern eine Wiederkehr und einen neuen Beginn innerhalb der gleichen Natur nach sich bringt. Die Person Christi und auch die Einzelheiten seines Wirkens und Lebens werden damit in die Welt gezogen. Sie werden mythologisiert, d.h. offenbaren, deuten, benennen etwas an der Welt, an der Natur. Wer Christi Leben erzählt, erzählt die Natur. Nicht Gott im biblischen Sinne des Wortes ist es, der sich in Christus offenbart, sondern die Natur. Christus ist nicht der vom Schöpfer und Herrn kommende Erlöser, der sie befreit, eben damit aber auch enthüllt und zur Buße ruft, sondern er dient ihr.

---

[1] Vgl. *Romano Guardini,* Hölderlin, 570.

Jene Wirklichkeit und Ordnung, die zu verkünden Christus erschienen ist, das Reich Gottes, wird zunächst ganz eschatologisch gesehen: als das, was einst kommen soll. Dieses „Einstige" und „Letzte" selbst aber steht ebenfalls innerhalb der Geschichte; ist deren „andere Seite" innerhalb des zeit-ewigkeitlichen Ganzen – so wie der Himmel ein „Drüben" innerhalb des räumlich-überräumlichen Ganzen der Welt bildet[1]. Was aber kommen wird, wenn jenes Erwartete kommt, ist nicht das Reich der Gnade des Lebendigen Gottes, sondern das mystische Griechenland. In der Dichtung „Germanien" tritt das mystische Griechenland an die Stelle Christi – ja vielleicht wird man sagen können, daß dieses Griechenland irgendwie „Christus" selbst ist[2].

Gewiß ist, daß auf diese Weise die Substanz des eigentlich Christlichen zerrinnt und die von ihm gestellte Entscheidung aufgehoben wird. Christliches Dasein und weltimmanente Geschichte gehen in eins. Diesen – für die Neuzeit, auch für die neuzeitliche Dichtung, so typischen – Prozeß der Säkularisierung der christlichen Botschaft erkennt Guardini nicht nur bei Hölderlin, sondern auch bei Rilke und Kafka[3]. Einer Epoche, der es aufgegeben war, zu einem rechten, ernsten Verhältnis zum eigenen Menschsein und zur Welt zu finden, gerade unter Einbezug der Transzendenz, fällt nichts Besseres ein, als zu versuchen, diese in die Weltimmanenz einzusperren. Interessant ist aber, daß in der Christusgestalt ein Anspruch bleibt, der den Dichter nicht in Ruhe läßt. In Christus ist etwas, das sich bei Hölderlin auch seinem eigenen Christusbild gegenüber behauptet und dem Mythologisierungswillen des Dichters widersteht. Wohin allerdings diese Initiative, diese auch Hölderlins eigenem Wunsch gegenüber souveräne Initiative, gerichtet war, und wie Hölderlin sich vor ihr endgültigerweise entschieden hätte – er selbst hat die Auseinandersetzung nicht zu Ende gebracht –, läßt sich nicht sagen. Es bleibt dem

---

[1] Vgl. *Romano Guardini,* Hölderlins Bild von der Geschichte, in: Die Schildgenossen, 15. Jhg., Heft 4/1936, 321–354, 348.
[2] Vgl. ders., Hölderlin, 572.
[3] Vgl. ders., Über religiöse Dichtung der Neuzeit, in: Ders./Heinrich Kahlfeld/Felix Messerschmid (Hg.), Christliche Besinnung, Bd. 7, Würzburg o.J., 26–38, 30ff.

Wissen einer anderen Ordnung anvertraut. Hölderlins scheinbare Abkehr vom Griechentum im Sinne der Hinwendung zur Heimat als Wendung zu einem entschiedenen Christentum zu deuten jedenfalls ist, so hat es Heidegger richtig gesehen, nicht der Wirklichkeit entsprechend [1].

Romano Guardini und Martin Heidegger – beide sehen sie an Hölderlin, daß die neuzeitlichen Denk- und Anschauungsformen überwunden werden müssen, soll der Mensch zu seinem Menschsein finden. „Dichterisch wohnen" bedeutet, den Anruf zu bejahen, in dem der Mensch steht; näherhin: sich ihm auszusetzen und dadurch eine Innerlichkeit und eine Innigkeit des Einvernehmens zu gewinnen, die vorher nicht gewesen. Erst so vermag der Mensch zum eigenen Wesen und zu dem der Dinge vorzudringen. Erst so, als „Hörer des Wortes", hat er teil an dem, was Geschichte ist. Erst so auch vermag ein Volk den ihm zugewiesenen Beitrag in der Geschichte wahrzunehmen. Wiewohl Hölderlins Geschichtsbild letzten Endes auf eine weltimmanente Sicht hinausläuft, bleibt Hölderlin Seher und Rufer – seiner „Vision" verpflichtet und bedingungslos bereit, diese in die Welt zu tragen.

---

[1] Vgl. *Martin Heidegger,* Hölderlins Hymnen „Germanien" und „Der Rhein", 210.

Lina Börsig-Hover
Sinn und Sein. Überlegungen im Anschluß an Martin Heideggers „Sein und Zeit"

Heideggers „Sein und Zeit" fängt mit der berühmtgewordenen Fragestellung nach dem Sinn von Sein an. Heidegger sieht die Notwendigkeit gegeben, die Seinsfrage erneut zu stellen. Vor allem möchte er ein Verständnis für den Sinn dieser Frage wecken. Entgegen seiner später praktizierten Weg-Philosophie setzt er sich hier ein vorläufiges Ziel, nämlich das, die Zeit als den möglichen Horizont eines jeden Seinsverständnisses zu erweisen [1]. Dies bringt ihm heftige Kritik von den beiden Phänomenologinnen Edith Stein und Hedwig Conrad-Martius ein. Edith Stein wirft ihm zu Recht vor, daß die ganze Untersuchung von „Sein und Zeit" schon „von einer bestimmten vorgefaßten Meinung über das Sein getragen ist. Es ist von vornherein alles darauf angelegt, die Zeitlichkeit des Seins zu beweisen" [2]. Heidegger selbst ist sich über seine Zielvorgabe der Zeit auch etwas „unsicher". In den einleitenden Sätzen bezeichnet er die Zielvorgabe der Zeit einmal als „vorläufiges Ziel", dann spricht er auch vom „Absehen" von einem solchen Ziel und zuletzt vom „Weg zu diesem Ziel" [3]. Von der Zielvorgabe, daß sich die Zeit als möglicher Horizont eines jeden Seinsverständnisses überhaupt erweisen soll, rückt er somit schon in den einleitenden Sätzen ab. Natürlich hält sich dennoch die Zielvorgabe der Zeit durch, und Heidegger behandelt auch eingehend die Thematik der Zeitlichkeit. Dennoch endet die Untersuchung mit einer Frage: „Offenbart sich die Zeit selbst als

---

[1] Vgl. *Martin Heidegger:* Sein und Zeit (1927), 15. Aufl., Tübingen 1979, 1.
[2] *Edith Stein:* Endliches und ewiges Sein. Versuch eines Aufstiegs zum Sinn des Seins (1936), 3. Aufl. Freiburg 1986 (Edith Steins Werke Bd. II), Anm. 42, S. 134; vgl. dies.: Martin Heideggers Existentialphilosophie (1936), in: dies.: Welt und Person. Beitrag zum christlichen Wahrheitsstreben, Louvain-Freiburg 1962, 69-135 (Edith Steins Werke Bd. VI); vgl. Hedwig Conrad-Martius: Heideggers „Sein und Zeit", in: Deutsche Zeitschrift. 46. Jhg. des Kunstwarts, Heft 4, Januar 1933, 246.
[3] Vgl. *Martin Heidegger:* „Sein und Zeit" (1927), 1979, 1.

Horizont des Seins?"[1]. Was sich Heidegger also als Zielvorgabe vorgegeben hat, meldet sich am Ende der Unteruchung als Frage. Somit hat sich die Zielvorgabe der Zeit nicht als haltbar erweisen können. Vielleicht ist auch in dieser Erfahrung ein Grund zu sehen, weshalb Heidegger noch mehr zu einer Weg-Philosophie gefunden hat.

Worauf Heidegger jedoch letztendlich schon in den frühen zwanziger Jahren aufmerksam gemacht hat, ist die Notwendigkeit, daß die Frage nach dem Sinn von Sein erneut gestellt werden muß. Dies scheint eine berechtigte Vorahnung gewesen zu sein, wenn bedacht wird, daß dem heutigen menschlichen Bewußtseinshorizont nur noch sozio-kulturelle, ökonomische, gesellschaftspolitische und psychologisierende Denkmuster zur Verfügung stehen. Damit fehlt dem heutigen Menschen die Distanz zu sich selbst und zu seiner Zeit. Gleichsam identifizierend verkehrt er mit seinesgleichen und seinen Problemen. Deshalb meldet sich beim heutigen Menschen auch der verlorengegangene Sinn. Er findet seinen Ausdruck im Sinnlosigkeitsgefühl, unter dem der heutige Mensch mehr leidet, als es je in einer anderen Epoche der Fall gewesen ist. Wie kommt es dazu? Heidegger hat ins Bewußtsein gerufen, daß es eine Seins- und Sinnfrage gibt. Dies zu einer sehr frühen Zeit, verglichen mit dem heutigen wie damaligen allgemeinen Bewußtsein der Zeit. Das menschliche Bewußtsein befindet sich immer schon, apriori, in einem eröffneten Seinshorizont, ob es darum weiß oder nicht. Ein Merkmal des 20. Jahrhunderts ist es nun, daß dem Menschen das Im-Sein-sein nicht mehr naiv vergönnt ist, sondern daß er darum wissen soll. Deshalb wird ihm die Frage nach dem Dasein und nach dem Sinn des Ganzen zu einer bedrängenden Frage. Sie drängt sich ihm auf, damit er um sein Sein wissen soll, sowie um das, was alles begründet und im Sein erhält. Bleibt jedoch nur ein Gefühl der Sinnlosigkeit, das sich in allen möglichen Lebenskrisen aufweisen läßt, dann zeigt dies, daß der Mensch um seine Aufgabe, sich bewußt die Frage nach dem Sein zu stellen, immer noch nicht weiß. Dies

---

[1] Vgl. *Martin Heidegger:* „Sein und Zeit (1927), 437.

ist negativ zu vermerken, da es neben Heidegger hervorragende Philosophen im 20. Jahrhundert gegeben hat, die mit ihm auf die notwendige Fragestellung und auch Antwort hingewiesen haben. In diesem Zusammenhang sind besonders Romano Guardini, Edith Stein und Max Scheler zu nennen.

Nach dem Grund der heutigen Sinnkrise wird also schon gar nicht gesucht. Soweit nämlich reicht die Qualität der Fragestellung nicht, und sie kann es ja auch nicht, wenn das menschliche Denken auf der eindimensionalen Ebene der oben genannten Denkmuster verharrt. Nach Heidegger bewegen sich die Menschen „immer schon in einem Seinsverständnis"[1]. Im Zusammenhang mit der Eindimensionalität des Denkens bedeutet dies nichts anderes, als daß das heutige Seinsverständnis darin besteht, daß das Sein ausgeschlossen wird. Das Sein und die Seinsmäßigkeit soll es nicht mehr geben, und damit auch keine Metaphysik und Ontologie. Von dieser Vorentscheidung her wird dann auch verständlich, warum fortwährend in Fragestellung und Antwort die ontologische Ebene wegfällt. Da aber die Wirklichkeit so ist, wie sie ist, d. h. da ist, kann sie auch nicht einfachhin verdrängt werden, sondern meldet sich immer wieder – sei es im unruhigen Gewissen des Menschen, das sich in einer allgemeinen Gehetztheit zeigt, in der Produktion politischer, kultureller, wirtschaftlicher und wissenschaftlicher Fehlentscheidungen, in der fortwährenden Erzeugung selbstverschuldeter Probleme in einem allgemeinen Gefühl der Ohnmacht, das durch die sogenannte Kompetenz und angenommene Entscheidungsfähigkeit kaschiert werden soll oder in dem Gefühl, daß alles doch nur sinnlos ist. Am Ende des 20. Jahrhunderts ist das Allgemeinbewußtsein also so weit, doch noch mit einer letzten Konsequenz die neuzeitliche These einzuholen. Mit letzter Anstrengung wird noch einmal versucht, am Vergangenen festzuhalten. Es wird übersehen, daß letztendlich alle neuzeitlichen Initiativen gescheitert sind. Weder Autonomieerklärung noch aufgeklärte Vernunft – beide Modelle haben in Reformation, Französischer Revolution, Technokratie

---

[1] *Martin Heidegger:* Sein und Zeit, 1979, 5.

und einer allein auf immanenten Maßstäben beruhenden Wissenschaft ihren Ausdruck gefunden – konnten den kleinsten Teil eines seinsmäßigen, und damit seinsgerechten Gehaltes verwirklichen. Dies ist ja auch nicht erwünscht, da die Welt und der Mensch nichts anderes sein sollen als die Projektion der eigenen beschränkten Vorstellung und das, was sich das menschliche Bewußtsein durch seinen selbstherrlichen Willen zum selbstgesetzten Ziele steckt. Dagegen steht das, was Heidegger und mit ihm die wirkliche Philosophie seit ihrem Beginn immer als Voraussetzung ihres philosophischen Tuns vorgefunden haben, nämlich die Tatsache und die sie in Staunen versetzende Vor-Gabe, daß etwas „ist". Dieses „ist" ist dadurch charakterisiert, daß es eben „ist" und auch „da ist", aber so „da ist", daß es nur nach-denkend und nicht projektiv zu fassen ist. Dieses Fassen selbst unterliegt wieder einer Gesetzlichkeit, nämlich der, daß es nicht planend möglich ist, sondern wie es das „ist", von sich selbst her zuläßt.

Nicht nur das einzelne Menschenleben, sondern das gesamte Leben der ganzen Menschheit steht unter einem Sinnzusammenhang und darüber hinaus die Gesamtheit alles Seienden. Ihr Zusammenhang im Logos ist der eines Sinn-Ganzen, in dem jedes Seiende sich an seiner Stelle in den Einklang des gesamten Gebildes fügt. Was vom Sinn der Dinge erfaßt wird, was in den Verstand eingeht, das verhält sich zu jenem Sinnganzen wie einzelne verlorene Töne, die der Wind von einer in weiter Ferne erklingenden Symphonie zuträgt. Unter Sinn ist also nicht etwas zu verstehen, das zusätzlich zu den Dingen hinzukommt, sondern alle Dinge stehen in einem Zusammenhang, sind auf diesen hingeordnet. Die Struktur der Zuordnung und die Struktur oder der Entwurf des Seienden selbst ist dann das, was mit dem Begriff „Sinn" zum Ausdruck kommen soll. Sinn kann also nicht *entworfen* werden, sondern er kann nur verstehend *gefunden* werden, da er in allem schon „ist". Die Aufgabe besteht nun darin, diesen Sinn entdeckend zu finden, was nicht anders geht, als auf die Ur-struktur, die geistige Gestalt der Dinge, einzugehen. Der Sinn liegt also von Anbeginn in den Dingen, in der Welt und im Menschen. Kernhaft ist er schon als Ganzheit angelegt und bedarf ausschließlich der

Entwicklung und Einbindung ins Ganze. Vor allem muß der Sinn erkannt werden, damit die Sinnstruktur auch bejaht und gewollt werden kann. Es kann sogar gesagt werden, daß dies die eigentliche Aufgabe des Menschen in Raum und Zeit ist, denn die letzten Alternativen des Lebens sind gegeben in der großen Urfrage nach Sinn oder Unsinn des Seins im ganzen.

Die Sinnfrage zu stellen zeichnet das personal-geistige Sein aus. In diesem Zusammenhang wird deutlich, daß der Sinn selbst eine personale Kontur aufweist. Er hängt apriori damit zusammen, was das personale Sein des Menschen ausmacht. In diesem Zusammenhang kann von einer sinnvollen Existenz dann gesprochen werden, wenn der Mensch zu seinem Personsein durchdringt und es in die Zeit eingestaltet. Personales Sein geht über das Subjektsein und Individuum-Sein hinaus, da es eine tiefere Seinsschicht meint, die die Innerlichkeit und die Dialogik gleichzeitig mitumschließt. Die Dimension der Innerlichkeit und das mit ihr gegebene Bild, der Eigenname oder der Wesenskern, verbürgen den Sinn des menschlichen Daseins und offenbaren seine Sinnstruktur. Diese gilt es auszugestalten durch die Begegnung und Dialogik, da innerhalb von Raum und Zeit das Sein ein Werden und Vergehen ist. Die Sinnstruktur kann sich also nur in der Verwirklichung zeigen, in der Offenbarwerdung. Deshalb kann Sinn überhaupt nicht vorgegeben oder willkürlich entworfen werden, sondern er „ist" immer schon latent da und auf volle Offenbarwerdung hin angelegt. Vom sinnvollen Dasein kann dann gesprochen werden, wenn das menschliche Bewußtsein sich dieser eigenen Sinnstruktur annehmend öffnet und bereit ist, das zu werden, was es sein soll, und nicht das, was es sein will.

Zeichnet sich schon das personale Sein des Menschen durch seine Sinnstruktur aus, so verhält es sich nicht anders mit dem Sein schlechthin. Weil dieses selbst eine personale Sinnstruktur aufweist, deshalb ist das personale Sein des Menschen selbst durch Sinnhaftigkeit ausgezeichnet. Der Sinn von Sein ist somit gegeben. Alles, was „ist", „ist" sinnvoll, und zwar personal sinnhaftig und sinnhaltig. Mit dem Sein ist zugleich die Sinnstruktur da; sie ist im Sein enthalten und mitgegeben. Folglich ist das sinnlos, was nicht „ist", sondern etwas von Nicht-sein aufweist und enthält. Sein und Sinn gehören ontologisch, seinsmäßig, zusammen, und zwar so, daß sie selbst personal sind, also auf ein letztes personales Ereignis hinweisen. Nur von dorther empfangen sie ihre Wirklichkeit und Wirksamkeit. Damit sind Sein und Sinn zugleich in eins gegeben.

Für unsere geschichtliche Gegenwart, die unter dem Phänomen der Sinnlosigkeit leidet, bedeutet dies, daß sie sich vom Sein, und zwar vom personal gegebenen Sein, entfernt hat. Das, was für Wirklichkeit ausgegeben wird, ist nichts anderes als der Zustand des Nicht-Seins. Der heutige Mensch ist somit nicht zur Verwirklichung des eigenen personalen Seins vorgedrungen. Folglich hat er auch die Sinnstruktur des eigenen Daseins noch nicht angenommen. Er befindet sich deshalb im Zustand der Abhaltung von sich selbst, und damit in der Vorläufigkeit.

Sinn und Dasein stehen unter dem Primat des Personalen. Als personale Wirklichkeiten gehören sie dem Bereich des Geistes an. Folglich kann der Mensch sich Wirklichkeiten wie Sinn und Dasein nicht mit psychologischen, soziologischen, politischen und kulturellen Kategorien nähern, sondern allein vom Geiste her. Hier gilt das erkenntnistheoretische Prinzip: Was vom Geiste ist, kann nur vom Geiste her verstanden werden. Die methodische Erfassung kann wiederum nicht mit Hilfe des mechanistischen Denkens angegangen werden, sondern ausschließlich durch eine lebendige Denkweise. Die Grundhaltung, die hierfür notwendig ist, ist nicht das Zweck-Mittel-Schema, sondern die verstehende Grundhaltung, die die Haltung des Liebenden ist. Nur dem Liebenden erschließt sich der eigene Zusammenhang des Daseins und dessen, was er tun soll.

Die heutige Gefahr des Umgangs mit den Fragen nach dem Sinn des Daseins und des Ganzen des Seins liegt darin, daß sie neuzeitlich angegangen und gelöst werden. Zwanghaft und verzweifelt sucht das heutige Bewußtsein die Antwort, indem es sich allen möglichen Aktivitäten, Planungen, Entwürfen und Lebensstilen aussetzt und sie durchprobiert. Doch: je mehr der Mensch planend sich Vorgaben macht, und sich so den Sinn auch noch selbst geben will, um so mehr fühlt er die Sinnleere in sich. Je mehr er Anstrengungen eigenmächtiger Sinngebung unternimmt, je mehr setzt er sich dem eigenen Nicht-Sein aus. Dagegen verhält es sich so, daß erst aus dem Sein des Seienden heraus der Sinn versteh- und benennbar wird. Erst indem der Mensch ist, vollzieht er bereits den Sinn seines Daseins. Sein, Sinn und Dasein sind somit keine isolierten Gegebenheiten, sondern sie sind in der Gleichzeitigkeit gegeben.

Leidet der heutige Mensch wie noch keiner zuvor an der Sinnlosigkeit und Sinnleere, so ist dies zunächst kein psychologisches, kulturelles, politisches und soziologisches Problem, sondern ein geistiges. Der Mensch ist nicht in seiner Grundwirklichkeit des Daseins, sondern existiert im Zustand des Nicht-Seins, der Nichtigkeit. Der einzige Ausweg aus dieser geistigen Gefallenheit ist, daß der Mensch grundsätzlich – vom Wesen her – auf sein Menschsein reflektiert, sich darauf besinnt und sich zu seiner Geistnatur bekennt. Der Mensch ist eben nicht nur Natur oder eine Monade, die ohne Grund in der Endlichkeit existiert, sondern er gehört als Mensch dem Bereich des Geistes an. Dies zu bejahen und auszubilden ist seine gegenwärtige und wichtigste Aufgabe. Vom Gelingen oder Nicht-Gelingen dieser Aufgabenstellung hängt die Zukunft ab. Insofern ist die Sinnfrage Hinweis auf die grundsätzliche, notwendige Neuorientierung, die der heutige Mensch zu leisten hat.

Die gesamte Seinsordnung zeigt sich deshalb als Ordnung, weil das, was ist, so, wie es ist, sinnvoll ist. Wäre dies nicht so, so könnte vom Sein als Sein nicht gesprochen werden. Zum Sein selbst gehört als ontologisches Merkmal, daß es sinnvoll ist. Es ist in sich selbst schon geordnet, weist einen Grundplan, eine Grundordnung auf. Insofern ist das Sein apriori mit der Sinnhaftigkeit verbunden. Es selbst zeigt sich in seinen sinnhaften Gebilden. Von Sinnlosigkeit ist dann dort die Rede, wo die ursprüngliche Verbundenheit von Sinn und Sein nicht auffindbar ist. Wird über den abhandenen Sinn geklagt, heißt dies zugleich, daß das menschliche Bewußtsein sich außerhalb seines Daseins befindet. Es ist zwar in Raum und Zeit, aber nicht so, daß es „ist". Sinn und Dasein hängen also auf das Engste zusammen, so daß die Klage über den fehlenden Sinn zugleich auch die Existenzform der Uneigentlichkeit mitaussagt. Der Mensch lebt nicht aus dem Urgrund seiner Existenz heraus, sondern in einer minderen Verflachung, die auch reine Projektion sein kann.

Interessanterweise wird heute nicht über die Uneigentlichkeit der Existenz geklagt, sondern über deren Sinnlosigkeit. Der fehlende Sinn steht wie ein Damoklesschwert im Raum und verführt dazu, nur ihn ausschließlich allein zu intendieren, ohne die ontologische Verbundenheit des Sinns mit dem Sein zu berücksichtigen. Dagegen verhält es sich so, daß der Sinn deshalb vermißt wird, weil schon lange zuvor die Existenz nicht mehr oder noch nie erlebt und vollzogen wurde. Wird also nach der Gewichtung in der Beziehung von Sinn und Sein gefragt, dann ist das Sein selbst die zugrundeliegende Größe und der Sinn ist das, was dem Sein zukommt. Es ist apriori sinnhaft. Soll das Problem des heutigen Menschen von Grund auf richtig verstanden werden, dann vermißt er deshalb den Sinn, weil er nicht in seinem Seinsvollzug existiert. Der Sinn wird deshalb vermißt, weil der Mensch schon lange nicht mehr in der Eigentlichkeit existiert, sondern sich im Bereich des Nicht-Seins aufhält. Dies ist jedoch für den Menschen, der schlechthin personal-geistiges Sein ist, tödlich, und zwar wird gerade das nicht zugelassen und ausgebildet, was das Sein seines Menschseins ausmacht, nämlich die Personalität. Der Mensch, der nicht sein personales Sein annimmt und ausbildet, ist wie ein „Meer ohne Wasser" oder ein „Tag ohne Licht". Er hält sich damit in der Uneigentlichkeit auf und verfestigt immer mehr seinen Zustand des Nicht-Seins.

Was bedeutet nun die Form des Nicht-Seins für den Menschen? Er befindet sich damit in der Auflehnung gegen das Sein schlechthin. Es ist jedoch nicht davon auszugehen, daß der Mensch nicht darum weiß, sondern direkt oder indirekt ist ihm diese verneinende Haltung dem Sein gegenüber bewußt, d.h. er weiß „irgendwie" darum. Das Nicht-Sein wird beim Menschen also immer auch vom Wissen um dieses Nicht-Sein begleitet. Dies ist dann die eigentlichste und schlimmste Form der Sinnlosigkeit.

Der Mensch bringt sich durch die Verweigerung der Annahme des Sinnes in die Ablehnung gegnüber dem eigenen Sein und dem Sein an sich. Letztendlich ist die Sinnlosigkeit der Protest gegenüber dem Sein - daß es so ist, wie es eben ist -, und sie zeigt, daß das menschliche Bewußtsein nicht gewillt ist, das Sein überhaupt und das eigene, so wie es sich in seinem Eigensein zeigt, anzunehmen.

Die Sinnlosigkeit als Folge der Ablehnung des Seins hat eine gewichtige Folge für das menschliche Bewußtsein selbst, insbesondere aber für das, was sich in seiner Weltgestaltung zeigt. Alles, was es gestalten will, befindet sich wie das Bewußtsein selbst im Zustand des Nicht-Seins. Wie der Mensch selbst, so ist auch das, was er verrichtet, in der Sinnlosigkeit beheimatet. Denn das, was in der Sinnlosigkeit existiert, kann nicht etwas so gestalten, wie es sein soll, sondern nur so, wie es geplant ist, und damit bleibt das zu Schaffende selbst außerhalb des Bereiches von Sein und Sinn. Was selbst ohne Sein und Sinn ist, kann nicht anders zu Sein und Sinn führen, geschweige denn, eine Welt und Kultur gestalten, die Ausdruck der Welt als Welt der Gestalten ist. Insofern hat ein Zeitalter, das sich gerade in der Sinn- und Seinslosigkeit befindet, keine Kultur, und die Menschen bleiben ohne Zugang zur Welt und ohne Daseinsgestaltung. Man muß sogar noch weitergehen und feststellen, daß all das, was in der Sinn- und Seinslosigkeit erzeugt wird, solcher Art ist, daß es sich gegen den richten wird, der es erzeugt hat. Die Dinge selbst sind nicht in der wesensgerechten Ordnung, deshalb tragen sie in sich schon den Keim der Zerstörung. Deshalb hat es in einer Zeit der Sinnlosigkeit keinen Sinn, sich in Programme und Aktivitäten zu stürzen - diese richten sich ja wieder gegen den Planer -, sondern eine Besinnung auf das Sein selbst ist gefordert. Das menschliche Bewußtsein kommt nicht daran vorbei, sich in die seinsmäßige Ordnung zu bringen. Natürlich erübrigt sich das, wenn bewußt die Existenzform der Empörung bezüglich des eigenen und fremden Seins gewollt wird.

Mit der Sinn- und Seinslosigkeit hängt auch zusammen, daß die heutige Epoche auf allen Gebieten - inklusive des darin lebenden Menschen und seiner Erzeugnisse - ohne Erfolg und positive

Ergebnisse ist, wenn davon ausgegangen wird, daß Quantitäten nicht Qualitäten sind. Der Grundsatz: Alle Wirkung kommt aus dem Sein ist umgekehrt worden zur Feststellung und verbreiteten Meinung, daß das Sein aus der Wirkung kommen würde. Dem ist jedoch nicht so, sondern es gilt, daß nur das wirken kann, was auch ist. In bezug auf das menschliche Bewußtsein heißt dies, daß auch in der konkreten Situation vom heutigen Menschen nichts Wirkungsvolles, und damit nichts Wahres und Qualitatives erwartet werden kann. Es kann sich einstellen, wenn sich einzelne auf eine ihnen seinsmäßig entsprechende Existenzweise einlassen, jedoch kann es von der gegenwärtigen Epoche, so wie sie sich in ihrer Sinn- und Seinslosigkeit zeigt, nicht erwartet werden, bevor sie sich des Grundes der erlebten Sinnlosigkeit nicht bewußt ist und die notwendigen Konsequenzen auch wirklich zieht. Mit der alleinigen Konstatierung der Sinnlosigkeit ist sie nicht zugleich beseitigt, genausowenig, wenn geglaubt wird, es könnte mit psychologischen Programmen und Therapien gegen sie angegangen werden. Zutiefst ist die Sinnlosigkeit verbunden mit der Existenzweise des Nicht-sein-Wollens und des Sich-zufrieden-Gebens mit dem bisher Erreichten. Es wird verkannt, daß dieser Status-quo-Zustand ebenfalls schon auf der gewählten Prämisse des Nicht-sein-Wollens beruht. Deshalb wird der Mensch heute nicht mehr daran vorbeikommen, sich in Wahrheit auf das eigene Sein zu besinnen. Erst in der Annahme des eigenen Seins und in dessen bewußter Bejahung wird er das finden, was ihn seine eigene Existenz und die Welt als sinnvoll erleben läßt. Sein und Sinn hängen auf das Engste zusammen. Es kann nicht eines ohne das andere gewollt werden, sondern beides „ist" in der Gleichzeitigkeit. Ist es dem heutigen Menschen also ernst mit seinem Leiden an der Sinnlosigkeit, dann bleibt ihm kein anderer Weg, als sich auf die Suche nach der ureigensten Existenzweise zu machen, die seiner geistig-personalen Natur gerecht wird. Diese ureigenste Existenzweise ist jedoch nicht in gängigen Lebensmodellen und -stilen zu finden, sondern sie erfordert einen kreativen, schöpferischen Menschen, der Mut hat, das Wagnis der eigenen Existenz auf sich zu nehmen, auch wenn es in der gegenwärtigen Zeit und Gesellschaft noch nicht erwünscht ist. Wie Freiheit und Leben, so fällt auch die Sinnfindung, und vor allem die persönliche, dem Menschen nicht in den Schoß, sondern sie fordert auch Leid, Selbsterkenntnis, Geduld und die Bereitschaft, sich zum je Größeren aufzumachen.

Die Autoren:

Lina Börsig-Hover, Dr. phil., derzeit Forschungsprojekt über Edith Stein und Thomas von Aquin.

Hanna-Barbara Gerl, Dr. phil. habil., Akad. Rätin a.Z. am Seminar für Christliche Weltanschung, Religions- und Kulturtheorie der Universität München.

Winfrid Hover, M.A., Dipl.-Theol., Promovent der Philosophie an der Universität München.